超克
GGY
ㄐㄩㄐㄧㄚ　ㄨㄞ

Beyond the GGY Complex: decipher the "Guo Guan-Ying phenomenon"

「郭冠英」現象之評析

序

「范蘭欽」 vs. 「GGY」：一個了不起概念的決戰

作者：范蘭欸　圖：打果泥

「范蘭欽是一個了不起的概念！」這句話能在「鬼島歹丸」引發「台巴子」和「低級外省人」一陣騷動，可見得「范蘭欽」的確是一個了不起的概念。

用「范蘭欽」隱身網路，用文字砲轟修理這鬼島上的台巴子，可說是刀刀見骨、針針見血。本人文字如刀，全拜星爺的誠實豆沙包所致，此一豆沙包吃完30秒之內說的話可就會誠誠又實實，是九０年代的科技產品。

「范蘭欽」這個概念，隱含的是嫉惡如仇的個性，這或許是拜中國電視公司1986年引進的卡通「霹靂貓」（Thunder Cats）所賜：霹靂星球爆炸後，霹靂貓一族往地球尋找新天地，沿途不斷遭受普隆星變種人以及地球惡靈木乃伊的侵擾，因此展開一場正邪大對抗。「高級外省人」就跟「霹靂貓」沒什麼兩樣，都在跟其他變種和惡靈對抗。就像「范蘭欽」所說的：「那批在台灣頭腦不清的支那人與日本皇民一樣，都把中華民國送進了墳墓……雞兔同籠，與皇民及愚民共處一島，他們人又多，我們祖國又擋在外，數人頭的遊戲要玩下去。」（〈曲線報國複中華〉2007.10.06）。外來的正義霹靂貓正在跟邪惡對抗哪。

所以囉，這句話自是大大有理：「我說台灣人是變臉變到他自己也不認識了。明明是他侵略殺人，明明是他228毆殺中國人，明明是

扁貪暴力，他竟賴他是受害者，要苦主向他跪歉。對這種人，只有槍桿子響了才會安靜下來。」。」（《誰應道歉？槍響就知》2009.02.04）

在我眼中，鬼島歹丸的「萌化」狀態（宅男腐女台巴子滿街走，不僅沒綠卡，更別提美國護照，只知道躲在歹丸高喊本土化、愛台灣），既沒高度又沒國際觀，而我們霹靂貓一族的「高級」就值得細細品味了。這就是所謂：「台灣從未有民主，都是民族問題、統獨問題，都是中國衰弱，日本侵略的遺留問題。倭寇侵華血未乾。」（《他日安危終需仗》2008.11.30）。是我們將這些低級人等從倭寇手中解放出來，他們不知心生感激竟還膽敢造次，真是造反呢？！

如今，欣聞「范蘭欽」本尊之一─Guo Guan-Ying （GGY），已經被提煉抽象化成為一種概念，並由「超克藍綠」寫手群加工論述，

讓「范蘭欽」跟「GGY」在概念層次上進行典範對決，真是讓人高興之事。畢竟，獨孤求敗最怕的是沒有對手，如今「范蘭欽 vs. GGY」概念對決，猶如劍聖葉孤城與劍神西門吹雪的決戰紫禁之巔，心中不禁一陣雀躍狂喜。

儘管，星爺曾道，無數好萊塢偉大愛情的故事都是發生在一輪明月底下，但，今日「范蘭欽 vs. GGY」寫的不是愛情故事，而是一場攸關真理、正邪、統獨之戰，是霹靂貓與普隆星變種人和地球惡靈木乃伊之戰。因此，「范蘭欽」本尊既已回到鬼島，並在黑衣人護駕下於歹丸大街上奔馳，好不快哉。如果，那廂唐伯虎有「含笑半步顛」，別忘了這廂華人夫也有「一日喪命散」；作為了不起概念的「范蘭欽」，怎麼會怕「GGY」呢？

不用再裝腔作勢了，就拔劍對決吧！！

佐以中國臺北微光下之觀戰之聲，是以為序！！

導言

郭冠英的暴走文字和言論，終於招徠了社會的撻伐，同時，不意外的，也引來了一些支持的聲音。當然，以台灣社會的慣性，政治人物介入以及媒體消費之後，挺郭跟反郭的聲音，及其背後值得我們繼續關注和追索思考的問題，也將再度輕輕闔上。

台灣的反智，隨著媒體速食消費化和政治表演化的趨勢，愈形嚴重。尤其，當政治在台灣被狹隘限縮為顏色之爭，並遠離人民生活的柴米油鹽醬醋茶之後，所有種種「政治」，頂多只成了小民茶餘飯後的餘興談資罷了。這次的「郭冠英現象」，在主流媒體視野中，也會以同樣的姿態啟幕和落幕。

「郭冠英」現象輕易地被政客跟媒體聚焦在「郭冠英」本人的問題上，於是「挺郭跟反郭」的情緒和操作，也就與「挺扁和反扁」有著高度雷同的思維慣性和共同的心理結構。果若，殖民狀態未必會隨著殖民主人的離去而消失，並且會藉由書寫在身體的慣性和心態表現而繼續延續，則將許多問題歸咎於單一個人的「挺反扁」與「挺反郭」，都不過是「後戒嚴」身心狀態的持續。

換言之，在國民黨戒嚴時期，國家命運和意義都由民族救星蔣介石、青年導師蔣經國的偉人意志來書寫，而在解嚴民主化之後，依舊是台灣之父李登輝、台灣之子陳水扁，以及基因良好馬英九，來決定國家的成敗。這些在在都是戒嚴時期偉人意志論或萬惡一人論的翻版。

放大對「一個人」的期待與憎恨，在在顯現出台灣社會「後戒嚴」的身體與心靈狀態。放大個人的作用，並忽視個人背後的結構制約的心態，讓台灣陷入反智的深淵，並喪失以制度重建和結構更動進行社會改革的可能性。因此，「戒嚴」狀態便如此陰魂不散地在台

灣人民的身體和思維中，繼續存在並發揮作用。

當新聞局對郭冠英祭出兩大過停職的處分，並在馬英九出面批評郭冠英的言論不當之後，「郭冠英事件」似乎就算解決並告一段落。但誠如黑格爾的名言：「智慧女神的夜鷹，總是在黃昏黑夜來臨前起飛」，在媒體與政客眼中逐漸失去新聞性的「郭冠英事件」，才正要引領關心台灣社會改革和發展困境的人們進行反思探究。

「郭冠英」遠非「郭冠英」一人，而是一種「現象」，一種威權遺產在台灣民主轉型過程中停格封存的表現，並以政經和文化面貌滲透進「社會紋理」（social fabrics）之中，而屢屢在關鍵時刻，影響著台灣社會。羅蘭巴特曾說：「當歷史遭到否定，它才確定無疑地發生作用」；果真如此，要是我們對於當前馬英九政府上台後，一系列威權懷舊和返祖的政治作為而感到憂心，那麼，面對過去種種民主化成果的歷史遭受否定的當下，理性貼近「郭冠英」，是爾等必修的功課。

職是之故，本書希望以郭冠英言行所形成的整體現象為素材，透過中醫「望、聞、問、切」的斷診次序手法，來考察戰後台灣政經發展和歷史文化遺留給當代社會的各種難題。同時，為了不讓郭冠英個人成為標靶，本書進一步將「郭冠英現象」引發的種種思索，提煉抽象為一種概念，並命名為「GGY」（Guo Guan Ying）。

本書章節的設定，便以「望、聞、問、切」為題綱，從「郭冠英事件」的發生和背景設定，進入到「郭冠英事件」最具爭議性的族群與階級議題，再進一步於「族群與階級」的爭議基礎上，繼續挖掘「郭冠英現象」背後引發的種種難題與困境，最後一舉提出總結切診，並以「GGY」的概念為表現。

畢竟，史學大家霍布斯邦曾說：「詞彙，是比文獻更響亮的證言」，當「GGY」作為一種概念，並得以作為分析性和操作性的概

念使用時，「郭冠英」此一名詞對歷史的貢獻、對社會理解的深刻化，便得以「GGY」的名號永恆封存下來。

若以這樣的脈絡跟心情看待本書，那麼，本書對於「郭冠英現象」的種種遠眺和近描，都是在透過「搶救郭冠英」的過程中，搶救那對台灣社會當前種種困境和問題的有意義的分析和理解！

最後，必須指出，日益與社會現實脫勾的學術討論，不僅無法讓學術成為有學有術的社會介入工具，更容易讓學術淪為統治者胸中懷攮之雞，並跟社會和小民對立。如同馬克思在《〈黑格爾法哲學批判〉導言》中曾言：「批判的武器當然不能代替武器的批判，物質力量只能用物質力量來摧毀；但是理論一經群眾掌握，也會變成物質力量。」因此，本書集結的文章，乃是希冀能不自量力地將批判性的武器扛起，並不假辭色地對著台灣社會及其統治者進行砲轟。

魔鬼一度住在天堂，沒見過魔鬼的人，遇到天使時也認不出來。就讓吾人從魔鬼的認識，開始吧！！

目錄

第一章

「郭冠英」ABC

01
導言：凝視GGY

郭冠英是這個事件的核心人物，因此我們要先了解這個人，並從他引發的一連串風波的言論看起；雖然「高級外省人」一詞是他的成名作，但和我們所蒐錄的語錄相比，就算不上是重頭戲了。在本章為這個事件羅列的幾個里程碑中，可以清楚看到兩方是如何攻防，動用的資源型式又有什麼差別。接著，我們將提供大家一篇郭冠英小前傳，希望藉此可以推翻「郭冠英是個突然竄紅的小人物」這種想法：其實早在近二十年前，他就服膺於某種意識型態下，亦步亦趨地成為公眾人物，今日爆紅只是二十年苦心經營的「開花結果」。最後一篇文章，則帶領我們超越郭冠英個人，開始看到更多分析的可能。

02
郭冠英的「高級言論」一覽

蒐集者：仏國喬

沒看完這些文字，別說您真的認識郭冠英！

以下字句全採自他的文章，並附上出處，原文多以范蘭欽為筆名發表，節選時尊重語意脈絡，絕無刻意斷章取義。雖然採樣範圍是郭2004年以後的作品，但可以清楚發現，他最為偏激的言論，大多發生在馬英九上任之後。

對台灣前途的態度

「分裂了瘋子鬼島仍是中國一部份……台灣問題只能整個解決，**只能謹奉『反分裂法』**。」（〈與瘋分裂〉2005）

「馬英九喊出『台灣是中華民國』，又是為騙選票。無論從法理或是現實上中華民國有效管轄的區域來看，台灣當然不是中華民國，**台灣只是中國的一部分**。」（〈曲線報國復中華〉2007.10）

「戰爭有三種結果：一是美國不介入，那台三日可下，這對台灣最好；二是美國介入，失敗，台灣收復，但台灣必流血，這次好；三是美國介入，我國失敗，台灣在激戰中必流大血，以後還沒完沒了，我國減輕人口壓力，台灣十室九空。這最不好，對大家都不好。好不好，倭寇侵華的老問題一定要解決。起來，**把我們的血肉築成新的長城**！！」（〈他日安危終需仗〉2008.11）

「歹丸現下走的是死路，根本沒資格回歸，只有**武力解放後實行專**

政……武力保台後也不能談任何政治開放，一定要**鎮反肅反**很多年，做好思想改造，徹底根除癌細胞。陳儀就是在台行仁政，結果給了倭寇造反之機，起了228。記取此教訓，**不能放鬆槍杆子**。就算乖乖回歸還要鎮防，若流了我中國人的血，那對這批倭寇必要**嚴打無赦**。」（〈台巴子要專政〉2009.02）

對台灣的態度

「我是中國人，我**不恥於**做台灣人，因為我從來都不是台灣人，也無恥不恥的問題。我只會一句台語：『干哩娘。』」（〈04年扁舞弊竊政後〉2004）

「台灣根本不值得愛，真愛台就要先**敗台**。台灣只有**自殺**才能消滅寄附在身上的獨蟲……此為置之死地而後生。」（〈外交異形〉2005.10）

「台灣真是個龍發堂，一群群**瘋子**，一批批**壞人**，很難管。」（〈法櫃奇兵馬英九〉2008.03）

「後來我看出棒球總有台獨味、東洋味，就越來越討厭這個**國恥**了。」（〈國慶雙實〉2008.08）

「其實真正愛台灣的，是那些反軍購的……但連這種魔障也應該突破，即**台灣根本不值得愛**，這個地方及人民爛透了……**早完蛋早好**……現下歹丸實已不值得再愛。歹丸只剩可恨，恨歹丸已是很普遍的心理……只有置之死地而后生。（我又胡涂了，**這個鬼島，死何足惜？**）」（〈軍購宅變〉2009.01）

對於中華人民共和國的態度

「單說『大陸為中國』就是叛國，08奧運可稱大陸或**我國**主辦，不能說中國主辦。」（〈黃鐘待響〉2007.07）

「偉大的中國共產黨萬歲！要不是共產黨在保衛中華民國，中華民國早沒了。」（〈曲線報國複中華〉2007.10）

「西藏**鎮暴**天經地義，溫總理說得一點沒錯。」（〈法櫃奇兵馬英九〉2008.03）

「有人痛罵棒球輸中國是國恥，故我視為**國慶**……大陸十二下一舉拿得五分，大逆轉勝。我簡直不敢相信……播報人員也一臉痛苦，我倒高興的很。」（〈國慶雙實〉2008.08）

「台灣既然不否定『中華人民共和國』，那就是承認她是代表中國的唯一合法政府，台灣這一區就**應向中央政府效忠**才是。」（〈外交休兵〉2008.10）

「中國人敢不敢講一句：『保護中華民國不靠共產黨嗎？』現下不敢講，心裡倒要承認，最後必然是簞食壺漿以**迎王師**。」（〈他日安危終需仗〉2008.11）

對於中華民國政府的態度

「現下，只有徹底超脫**揚棄中華民國認同**，或才能重建希望……現下，只有堅持中國認同，台灣現狀不可保，只有**回歸中國**的原狀。」（〈04年扁舞弊竊政後〉2004）

「歹丸偽國慶節大家都在說：『中華民國已沒有了。』……『中華民國是台灣』？那中華民國已不在，她只剩個省，等著『**望春風**』。」（〈外交異形〉2005.10）

「現下的國民黨、要騙台灣皇民選票的國民黨、不敢大聲說中國的中國國民黨……因此只能先**維持個汪偽政權**，但不要給重慶政府添麻煩、找難題。」（〈曲線報國複中華〉2007.10）

「在國際奧會的場合,是不能掛中華民國旗的,這是面**中國偽旗**……所以世界足球會在中國臺灣省臺北市足球場的比賽,只能掛中華人民共和國旗,不能掛、觀眾也不能揮中國國旗以外的偽旗。任何人違反此一規則,必須依法制止,驅逐出場……所以馬英九做市長同意奧運足球賽在臺北舉辦,他就不能在球場內掛揮中華民國旗,誰違反員警就要制止。」(〈護旗羊癲瘋〉2008.06)

「『中國時報』社論說:『北京是該正視『中華民國』了。』……如此反中,反『外交休兵』,反『台灣是中國的一區』……靠中國人出錢把她養著……她還恩將仇報?……**為什麼要正視中華民國呢?**你中華民國當初違反民意、挑起內戰。」(〈正視你自己—中華民國〉2008.12)

「『中華民國』岌岌可危,不旦談不上光復大陸,反要**靠大陸來保護了**。」(〈齊人尊嚴〉2008.12)

對於「非我族類」台灣人民的態度

「這就像陳進興強姦女人,他說他有性慾嘛。如果你是他媽,你也能接受這種理由,這就是『愛台灣』。」(〈婊子立坊--胡鬧或賄賂外交〉2004.12)

「說台灣被西、荷、日都佔領奸辱過,故是國際雜種、多元化、不是純漢人。還辦福爾摩沙被殖民文物展來證明自己是**雜種**。」(〈雜種自得〉2005)

「反正台灣已南北分化,北部會有更多人看成龍電影,**南部市場不要也罷**,票房不會影響。」(〈成龍愛國〉2005.05)

「**恨不恨那些愛台灣的人?**……他們恨光復,我們慶光復,我們之間能和解共生?別騙人了。不能,我們不能與屠殺中國人的日本軍閥共生……我們不能與抱有這種心態的**皇民餘孽**共生。」(〈台灣再光復〉2006.04)

「李安被**貶**爲『台灣之子』。」（〈希望能戒掉你〉2006.06）

「台灣的電影是越看越差……一天到晚喊著本土，但**本土實在低俗**，拍不出什麼東西。」（〈你們看看人家〉2006.06）

「一般人以被說**雜種**（bastard）爲恥，台灣人卻以此爲傲。」（〈陳若曦堅持無悔〉2007）

「如果你台灣人臉發綠，**全病死也就罷了**，或像電影『毀滅28天』，疫區封鎖，紅色警戒也可，那世衛也眼不見爲淨。」（〈台灣極不衛生〉2007.05）

「這證明這個族群就是**極爲低劣腐敗**的。看報紙就知那些極多、極惡質、駭人聽聞的罪案，正是這個族群的人所犯下的。」（〈提防台獨破壞纜車〉2007.08）

「當初外省人來台……怎能倒行逆施棄國語、就方言呢？不但不能鼓勵，還要**阻遏**也。」（〈從「渝生」到「美活」—讀信懷南的「最後一代的內地人」有感〉2007.02）

「這就是民主的好處，只要騙選票，只要能當選，給選民吃砒霜也要做。這我倒不太怪馬英九，他清廉講理南部人不聽，他也跟著騙，**南部人及『不是』人反而願聽**。選民這麼爛，你叫他有什麼辦法？」（〈「你去死吧！」進聯公投〉2007.07）

「貓空纜車應絕無問題，有問題**必定是台獨破壞**，台北市政府應趕快恢復纜車全日運行，不要爲台獨所恐嚇週一停休。我等愛國人也應配合政府，保護首都，提防鄉村包圍城市，提高政治警覺，當心『毒諜就在你身邊』，不要因爲解嚴而鬆懈。」（〈提防台獨破壞纜車〉2007.08）

「那批在台灣頭腦不清的**支那人**與日本皇民一樣，都把中華民國送進了墳墓……雞兔同籠，與皇民及愚民共處一島，他們人又多，我們祖國又擋在外，數人頭的遊戲要玩下去。」（〈曲線報國複中華〉2007.10）

「當年光復大陸的夢想沒有了，失敗了，認輸回去，中國人及故鄉父老尚能接納，留在**異地**則永難安寧，本身就代表著恥辱。」（〈統一尚未成功，介石仍需萬歲〉2007.12）

「（金馬獎）此獎倒也公平，沒把『色，戒』忝列爲台灣片。」（〈「國，戒」，金馬獎有感〉2007.12）

「我不相信皇民，**非我族類，其心必異**。」（〈選贏了，我輸了，哭了〉2008.03）

「**台灣人最下作**，最**落井下石，畏威不懷德，不知感恩**。……金錢外交是台獨的必然……不同的是，獨台的國民黨族群尚有教養，有文化，抽頭分贓尚知道餐桌禮儀。台獨族群則是檳榔米酒，粗鄙無文，吃相難看。」（〈十億巴扁洗錢案〉2008.06）

「什麼民主？台灣從未有民主，都是民族問題、統獨問題，都是中國衰弱，日本侵略的遺留問題。**倭寇侵華血未乾**。」（〈他日安危終需仗〉2008.11）

「過去一個世紀來這個族群就是如此，**易服易叛，色厲內荏，以眾凌寡，以暴欺弱**。」（〈邏輯豈能靠白痴搞定？〉2008.12）

「所謂的『愛台灣』，就是否定中華民國，就是否定、仇視中國。」（〈外交羞賓〉2008.12）

「這怎么會惹歹丸范女發飆開罵呢？何況大陸人臧國華並沒有不對，而歹丸卻為搶功，急到妒恨失態，又把醜中仇中的情緒提上綱。……結論，**非我族類，其心必異**。對歹丸爛人，必要嚴惕嚴打。」（〈不要臉的歹丸霉體〉2009.02）

對於二二八與白色恐怖的態度

「『台灣菁英屠殺殆盡』？更是鬼扯。……軍法槍決的都有名冊，『處理委員會』中被殺的包括林茂生、王添燈等一共二十人……其它幾百名死者都是各地的暴徒民軍。』（〈在台之璋筆，一人敵兩國—二二八僧相〉2006.03）

「白色恐怖難免過當，但當時是為了對付共黨、左派，有其**時代必然**。」（〈從「渝生」到「美活」—讀信懷南的「最後一代的內地人」有感〉2007.02）

「所謂『基隆碼頭大屠殺』根本就子虛烏有。」（〈三立只是慰安婦〉2007.05）

「228飼賤是近年來最大的**騙局**，完全捏造……我根本就不相信，這是信仰自由、憲法保障的……絕對沒有。如果有，我把你頭給你。」（〈絕對沒有228〉2007.05）

「解嚴二十年，實在是一頁**傷心血淚史**。以前戒嚴百分之三，民眾安居樂業……現下民主只行百分之三，變成盜賊蜂起，民不聊生。」（〈黃鐘待響〉2007.07）

「戒嚴就是管制**高犯罪危險群**的隔離政策，解嚴則是倒了過來，犯罪群當政，善良人反被隔離分化。」（〈提防台獨破壞纜車〉2007.08）

「非我族類，其心必異。今天台獨毀蔣，我等中國人就必須保護

蔣，**就算蔣殺了我父親也要保此禮也**。何況，蔣介石不但不是
二二八的元兇，還是**鎮壓皇民暴徒、確保台灣入版圖的元魁。**」
（〈統一尚未成功，介石仍需萬歲〉2007.12）

「一九四七年，二二八那年，台北簡直是天堂，**沒有一個人死。**」
（〈二二八，台北天堂？〉2008.01）

「『白色恐怖』如果有烈士，那**陳儀是頭號烈士**，怎麼不給補償平
反？」（〈再見二二八？〉2008.02）

「『二二八』那時代本來就動亂殺人如**常事**。」（〈連結中國，才
有台灣〉2008.07）

「高雄、台北、基隆、嘉義打殺最烈，也**不過死300人**」（〈卡廷
v.s二二八 不容青史盡成灰〉2008.08）

「我說台灣人是變臉變到他自己也不認識了。明明是他侵略殺人，
明明是他228毆殺中國人，明明是扁貪暴力，他竟賴他是受害者，
要苦主向他跪歉。對這種人，**只有槍杆子響了才會安靜下來。**」
（〈誰應道歉？槍響就知〉2009.02）

「『南京屠戮血未乾，鬼島倭寇又揮刀。餘孽顛倒二二八，除惡未
盡禍延今。』228就是倭寇皇民所為，也是南京大屠殺的餘緒……
歹寇抱著美日大腿，求著說：『你殺了我奸了我，你怎能棄我而
去？』……那些說二二八是『虐政』，是『官逼民反』，**誣我國最
好清官陳儀者，都應以漢奸論罪。**岩裡政男可關戰俘營，**漢奸殺無
赦。**」（〈二二八除惡未盡禍延今〉2009.02）

「二二八的歷史完全顛倒，真相被掩蓋。實在陳儀是愛民清官，蔣
介石、陳儀當時處理也極對，其錯**最多只是誤判寬仁。**」（〈是非
魔癡"二二八"〉2009.02）

對於台灣外交的看法

「進世衛就是搞台獨。」(〈是為台獨〉2005)

「『金錢援交』這個問題,問到底就是:『**我們要不要外交部?**』……所謂的務實外交,其實正是務虛外交,因為『實』為台獨。」(〈外交異形〉2005.10)

「台灣因為國家認同混亂,忠奸正偽全錯亂……叛賊還向政府要『國際空間』,焉不知那是『**叛國**空間』,竟還理直氣壯……」(〈護旗羊癲瘋〉2008.06)

「台灣人養了批合法的外交掮客……他們好好等因奉此,假戲假做,一生至少可攢積五千萬的資產,所以個個謹小慎微,視錢如命……外交人員保守自閉,越是外交部的越顧人厭。他們沒人性,很無趣,同事間也沒感情,因為大家都要搶那塊肥肉,不踩著別人就吃不到,但也共同保守著那個大祕密:『**我們騙得大錢**』。」(〈十億巴扁洗錢案〉2008.06)

「有位外交官感嘆的說:『以前我們是生怕人家說我們不是中國,現下則是生怕人家說我們是中國。』這種人格分裂,認同矛盾,怎能辦外交?怎能談外交?」(〈十億巴扁洗錢案〉2008.06)

「台灣是個龍發堂,可笑至極,最近每次向大陸求好,都加這麼一句:『要給國際空間。』……要『國際空間』就是台獨。」(〈龍發堂的空間〉2008.09)

「台灣一天到晚喊著要尊嚴,實最無恥……說要『台灣尊嚴』就是國恥,就是**叛國**。你『中華民國』有三十五省……還治有福建省,怎么毫不談尊嚴?」(〈齊人尊嚴〉2008.12)

「弱國無外交，**台灣不是國家，當然更無外交**……沒外交，還到處跑，就是行賄、贖買……所謂的外交，所謂的『國際空間』，都是台獨否定『中華民國』的作為。」（〈外交羞賓〉2008.12）

「『有義意的參與聯合國周邊組織』的說法……就好像不讓通奸，那得讓我性騷擾吧？這是什麼邏輯？」（〈外交休兵〉2008.12）

對於台灣國防的看法

「（馬英九）總統說了：『不獨，不武』。很對，那就徹底不武，免了台獨的妄想。台灣本島留點維安武力，**海空軍都不要……對岸飛彈不要撤**……這些飛彈……不是對準中國人，是保障國家領土完整。」（〈兩門同安 兩岸雙贏〉2008.08）

「歹九軍購這個問題，問到底就是：**我們要不要國防部？**……我很認真的在談廢國防部的問題……國防，是防衛國家，防禦外國侵略……而我國領土內現有個叫『中華民眾共和國』的政治實體（不幸）……她若不民主、混蛋，那是我國警察要管的事，與軍隊何干？也因此，要『武購』，那應是內政部的事，與國防部何干？……中國人不打中國人，要打就是有人不是中國人，又占著中國的土地。」（〈軍購宅變〉2009.01）

03
郭冠英事件簿

整理者：仏國喬

2月28日　《聯合報》刊出范蘭欽的〈被掩蓋的真相……陳儀是非魔癡228〉，史觀引發PTT鄉民熱烈討論，鄉民開始搜尋此人。

3月01日　媒體工作者曾韋禎於個人部落格發表〈范蘭欽就是郭冠英〉，並指出其公務職位。

3月12日　民進黨立委管碧玲首就此事質詢新聞局長蘇俊賓。

3月13日　「超克藍綠」發表GGY系列第一篇文章：〈給「高級外省人」—郭冠英—看看病？！〉
中國「鳳凰博客」的范蘭欽部落格及「大眾時代」（楊渡主持、中時出資、郭為駐站寫手）的范蘭欽專欄關閉。
民進黨籍立委蘇震清在記者會中，就郭之「鬼島」說，向其抗議：「你領的是陰間的庫錢嗎？」

3月14日　步調落後的聯合報開始跟進報導此事件。

3月15日　名部落客Billypan發表〈人肉搜索確定：范蘭欽就是郭冠英〉一文，指出：「台灣的新聞傳播圈中，至少就有姚琢奇和王豐可以出來說明是郭冠英寫了這些文章沒錯。」
《自由時報》下大標：郭冠英就是范蘭欽。
張友驊在政論節目上無意間承認郭就是范蘭欽。
郭返抵台，否認自己為范蘭欽，並說那是陳冠希的哥哥。

3月16日　步調更落後的中國時報也開始跟進報導此事件。

中國國民黨駐加東支部、三民主義大同盟與華僑協會總會多倫多分會聯名去函平面媒體，表達力挺郭。

「中時國部落格」及「大眾時代」網路寫手彭惠仙發表〈范蘭欽事件，我的對號入座〉，表示不知「郭冠英」跟「范蘭欽」的關係，為網友踢爆：「彭蕙仙，你這偽教徒！」彭次日自刪該文。

新聞局舉行人評會，決定將郭調離到非主管職。

郭向大眾道歉：「我沒有要為我的文章表達歉意，我是對社會造成的紛擾表示歉意。」

3月17日｜《中國時報》刊出石之瑜〈郭冠英事件的真相是什麼？〉：「為了保護被范蘭欽拆解的四分五裂的台獨史觀，對他進行搜索追緝，因而同時是受到感情與現實的雙重需要所驅動。」

監察委員主動申請調查此案。

台北市議員簡余晏等以公務人員懲戒法及恐嚇公眾罪等，赴監察院、高檢署告發郭。

台聯至地檢署以內亂外患罪告發郭。

國民黨立法院黨團譴責郭，且無法接受僅將其調職。

新聞局發出聲明稿，表示已要求郭在3月31日之前回國報到。

「大眾時代」刊出顏瓊玉、陳嘉宏聲援郭的投書：「廿一世紀的台灣政客，卻讓人感受到五〇年代麥卡錫的回頭路。」

3月18日｜「大眾時代」刊出洛杉基聲援郭的投書：「在網路上進行文化大革命、白色恐怖。」

《蘋果日報》刊出謝炎堯聲援郭的投書：「郭冠英擁有中國傳統書生的優良氣質……與文天祥和史可法同為文人烈士。」

《中國時報》社論：網路獵巫可休。

郭返抵回多倫多，後對外表示機場警察詢問他是否有意尋求政治庇護。

3月19日 | 郭18日、19日皆曠職。

《聯合報》刊出投書《法律制度擋不住政治獵巫》。

3月20日 | 日本《Japen Times》登出《中國外交官否認嘲弄「原始」台灣人》。

加拿大《國家郵報》（National Post）報導此事件：「台灣一名派駐加拿大高級外交人員已被召回，並為其涉及的「辱台」言論接受調查。」

多倫多的台灣人社團舉辦記者會抗議郭，並接續舉行「憤怒的台灣人，反族群鄙視，反歷史扭曲」座談會。

郭聲稱自己受到綠營支持者的威脅，暫時不會回台灣，新聞局以記過免職威脅郭。

3月21日 | 《中國時報》蔡詩萍發表〈容忍比自由更重要〉：「批判『范藍欽』……不知可曾挺身檢討過『福佬沙文主義』壟斷台灣價值的鴨霸？」

新聞局表示曠職超過4天，將記過免職，郭：「你怎知我沒進辦公室？我不一定要上班時間去。」並表示「不敢」去上班，是因感到有生命危險，並聲稱已獲得加拿大警方的保護。

3月23日 | 《中國時報》社論針對此事件談省籍：「本省籍選民的分裂投票傾向，也許對民進黨不利，但卻有利台灣的民主，研究民主的人都知道，政黨之間若是以族群做分界點，其實是非常不利於政治和諧的。」

中國官媒《新華網》表示，這是「島內統派陷困境」。

新聞局上午召開考績委員會，認為郭已違反公務人員懲戒法規定，予以停職處分。

郭飛至華府接受專訪，首度公開坦承自己就是范蘭欽，並說「范蘭欽這個概念，是很了不起的概念。」之前之所以否認，是「因為對付敵人的時候，你本來就有扯謊的權利。」並強調自己不是曠職，而是人在國外，軍命有所不從。

新聞局隨即又召開會議，認定其「言行不檢，已嚴重

損害到政府與公務人員聲譽」，決議免職。局長蘇俊賓公開致歉，並呼籲政治人物勿藉個案操弄族群、激化對立。

3月24日 ｜ 針對本事件，劉揆在立院答詢時表示，將推動「族群平等法」。

馬英九表示郭冠英的言論偏激，還欺瞞長官，確實不適任。

郭接受媒體訪問，形容自己是「政治出櫃」，對未來的期許：「我是中國人，我未來的心願是：統一後要住在中國台灣省，坐郵輪往來台灣和美國、加拿大之間。」

3月25日 ｜ 郭冠英借「駐法國新聞官潘舜昀」之名，於《聯合報》投書自誇：「郭……人緣甚佳，早年局內人以「才子」稱之，後又叫其「大俠」，老了叫之「郭爸」，連有些長官都如此叫，可見其人氣……涉外能力甚佳……且其「關係」甚佳，似也不太在乎考績……說他是「頭痛人物」或「冗員」，實非事實。」隔日遭《中國時報》揭露真實作者為郭。

郭向媒體表示：「我是捍衛憲法，捍衛民族的英雄，我應該做個更大的位置，或許是總統，可能台北縣長，可能立法委員，可能是新聞局長。」對於好友李敖有意捐一千美元給他，他表示「應該是以10萬美元起價。」並自爆：「將政府機密文件交給江南劉宜良的家屬去打官司，在當時是背叛政府的行為，但……其實是愛國的，是為國家好的。」

郭友人梁東屏投稿「大眾時代」，引述他人的文字為本事件下結：「統獨混戰空比劃，亂拳打死郭白目。」

民進黨主席蔡英文發表聲明：「台灣社會不允許郭冠英現象，不容許挑撥族群，煽動仇恨的言論，我們不希望看到『郭冠英們』。」

國民黨主席吳伯雄在中常會表示：「這個議題應該到此為止，如果再有任何個人或是政治人物，想要在這個議

	題上，傷口灑鹽，火上加油，這是不道德的，應該受到最嚴厲的譴責。」
3月26日	民進黨立委召開記者會，指「大眾時代」楊渡需要郭冠英言論負責，應該從文化總會秘書長下台。楊渡回應：發文作者應為自己文章負責。
	十數個洛杉磯台美社團譴責郭，認為此事件僅是冰山一角，台灣社會還存在更多「范蘭欽」。
3月30日	郭回台前，在機場接受媒體專訪，被問及未來計劃，他說：寫作、從政，甚至街頭逃亡都有可能。並說：這段期間他沒有和新聞局溝通，只有和總統府溝通，討論如何建設台灣。
3月31日	31日清晨抵台，由白狼張安樂之「中國統一促進黨」的二十多名「黑衣人」護送離去，和抗議群眾發生衝突。
	郭透過電子媒體嗆聲：「什麼是新聞局？新聞局是什麼東西？」下午至新聞局完成離職手續。
	郭在捷運遇到女性支持者聲援，欲牽對方的手親吻，嚇得對方急忙縮手。
4月01日	民進黨籍立委黃淑英、涂醒哲以移民法第62條規定，對郭向內政部提出申訴。
	陳師孟、金恆煒赴台北地檢署控告郭，提出誹謗、公然侮辱、怠職告訴。
	台灣新社會智庫梁文傑發表〈郭冠英事件應該落幕了〉：「郭冠英只能是插曲……我們也沒有必要把郭冠英擴大成主旋律……民進黨真的沒必要再追殺下去。」
	國民黨立院黨團副書記長呂學樟對此事件表示：不應再浪費社會資源，應到此為止，別再鬧了。
4月02日	「大眾時代」寫手郭承啟為文表示：「整個事件本本就是一種綠營政治人物政治操弄。」
4月07日	范可欽形容此事件：「典型的文字獄。」
4月12日	紫藤廬舉行「族群歧視、仇恨言論、反歧視法：從郭冠英事件到『族群平等法』相關爭議」座談。
4月21日	野空間舉行「台巴子與中國豬：從郭冠英的言論風波看言論自由與族群關係」座談。

04
郭冠英所追求的「高級」人生

作者：仏國喬

郭冠英以「高級外省人」一詞在媒體竄紅，但這種自謂（慰）實在有點勉強。他的確透過渾身解數的書寫，以「范蘭欽」、「郭才子」、「辛文菊」、「趙天揖」、「高茂辰」、「李所思」、「伍思文」各式筆名，宣揚「高級外省人」的意識型態、宣傳他與「高級外省人」的私人情誼，但他終究只不過是圍繞著黨國統治精英的圈圈外不停地繞，並在幾個歷史巧合裡得以「插一腳」罷了。

郭祖籍為中國貴州清鎮，生於1949年，同年8月隨父母來到臺灣，「小時我家住新竹牛埔，一個靠近香山的空軍眷村……我們家是軍官，分配到日本人遺留的榻榻米房子，但是三家或四家分住原來日本人住一家的空間……當時的眷村，可說是標準的『空軍家庭』[1]。」雖然其父為地勤，非飛官，但他也認識不少黑蝙蝠中隊的子弟，而自稱「我從小在蝙蝠洞中長大。」[2]

就算是標準的空軍家庭，但仍有軍官該享有特權，有位「機械士……用廢料為我父親造了一輛機車，銀白的車身和油缸，騎在新竹街上非常拉風，比當時剛出道的三陽五十西西車神氣多了。」[3]甚至，「早年許多軍人都有私槍，尤其是空軍及軍統局人員……小

【註解】

[1] 〈空軍眷村搞飛機〉1990.06.21/聯合報/28版，所有註解均為郭冠英作品。

[2] 〈衣冠塚外的思考〉2007.07

[3] 〈空軍眷村搞飛機〉1990.06.21/聯合報/28版。

時我家有一把……讀新竹中學時，有天我把手槍帶到學校，找了一批同學到後山試槍。」[4] 想想看，對一位高中生，這是多麼令人感到「高級」的課後消遣啊！

他的「高級感」是從小學就意識到的，「我小學讀的是竹師附小，這是全省最好的小學。」[5]「光復路那一帶的國營企業、大學、金城新村住民的子女，都由三輪車送到……這所學校來就讀。那些中下級軍官居住的陸光新村、實踐新村居民的子女，則很少來讀這所學校。在那個年紀，我們也有點莫名的貴族式的驕傲，而後來唯一的不同是，他們會講台語，我則一句不懂。」[6]

比下，他們失去了與「本省人」交往的機會，比上，則直到他認識王一方後，也開始感覺到自己在「外省人」中的不足高級。

新竹中學畢業後，郭考上政治大學政治系，「我在政大前的欣欣客運車站遇見了他，一位學妹把他介紹給我，我們在搖晃的公車後面開展了一段穩定的友誼，他請我去他家，地下室有個彈子檯……我們在那打了近十年，我一去就跳過書房鑽入地下室，免得見他父親及那些來來往往的大官名流……王伯伯對我的關係是有點功利的，有時甚至有點排斥，但我並不生氣（也不敢）……他的乾兒子孝文就是交了損友，在年華正盛時就一病不起，這對蔣經國打擊很大，王伯伯也很痛心。」[7]

王一方的父親王新衡是蔣經國留學蘇聯的同學，是蔣經國「地下工作」的左右手，自是「標準空軍家庭」的子弟所高攀不起的，從功

【註解】

[4] 〈玩槍生涯不是夢〉1989-12-14/聯合報/28版。

[5] 〈空軍眷村搞飛機〉1990.06.21/聯合報/28版。

[6] 〈跟眷村說再見〉1991.01.03/聯合報/24版。

[7] 〈天人一方---一場太早結束的球〉1993.06.12/聯合報/37版。

利別人，上台北後變成被人功利，箇中滋味不知爲何？不過，借著王一方，郭的確認識了一些真正的「高級外省人」，如「那幾年的大年初一中午，王一方會請他大學的一位女同學全家來他家過年……她的先生是馬英九。」[8] 當然，也包括認識了「轉轉會」（王新衡、張學良、張群、張大千的聯誼會）的張學良。進而因爲對張學良的研究，和參與《傳記文學》刊物的唐德剛、劉紹唐、梁肅戎、何世禮、李敖等人相識，但這是後話了。

大學畢業後，他進了政大的「匪情研究所」，完成碩士論文《論職業革命家黨》。這個研究所「本是訓練來做特務」[9] 的，他畢業就被派往美國進修駐外新聞工作，後進中國電視公司新聞部，曾「製作『六十分鐘』」[10]，因摩擦去職，轉進聯合報擔任專欄組記者，這兩年專門寫「匪情研究」的文章，如〈鄧小平的政治三角難題〉、〈中共對台統戰的組織與策略〉之類的，他曾爲文抗議中國：「阻撓我國在他國設立辦事處之類的組織……中國統一問題的癥結，主要在海峽兩岸思想制度的歧異及生活方式的不同，決非統戰伎倆所能奏效。」[11] 該文尚未（敢？）顯露他現下對台灣擴展外交的嫌惡，以及對統一渴望的飢不成食。

1983年，國門不幸，郭通過外交領事及國際新聞人員乙等考（英文組），另一個因郭冠英事件而聲名大噪的潘舜昀，則是同年的法文組。郭的公務員生涯所曾派駐的國家，有美國、加拿大、荷蘭（扁政府時期）等等，首次駐外是八〇年代中駐美，時與旅美中國人多有來往，1988年輪調回台灣。

【註解】

[8] 〈松花江上〉2008.11，本文雖標示爲女兒郭采君所著，但如無意外，應是郭冠英捉刀。

[9] 〈松花江上〉2008.11。

[10] 1990.11.04/聯合晚報。

[11] 〈中共對台統戰的組織與策略〉1982年3月22日聯合報

1990年，趙少康明等人有感於國民黨高層台獨傾向，另組「新國民黨連線」，緊接隨之而來的，是「二十一世紀的范蘭欽」的浮現，早在十七、十八年前，郭即投稿對中國發展核武抱持正面的態度[12]，也敢現身在「中國統一聯盟」所舉辦的座談會[13]，在台上和林正杰、張曉春、王曉波、陳映真一起鼓吹「直航」，他支持的理由相當露骨：「直航，是個感情問題，不是邏輯問題。」[14]

到了九〇年代晚期，他已經進一步對台灣擴展外交空間感到極為不耐，他為文指企圖進入聯合國是「每年吵，勞民傷財」[15]，而對台灣在APEC爭取國格的表現，描述成「人家在談經濟算鈔票，我們在那跳十八將的土台戲。」[16]後一篇文章他使用「現任新聞局秘書」身份及真名投稿，似乎已不畏與當道者對上，的確，在當時統媒及新黨眼中，李登輝總統是位「叛國者」；另一位「叛國者」當政時，郭曾公開於上班時間參加紅衫軍運動，對其而言，這已不是什麼新舉；會中他還表示：「參加倒扁對我陞官發財，有直接影響。」不，正因為是李、扁當總統，才給他露臉的無畏，而真實的他是個為了「陞官發財」不敢承認范蘭欽的人。

從事外交工作卻敵視外交工作的進展，身為公職卻愛砲打決策者，可想而知，郭的公務員考績不會太好，扁時代更是多年乙等，仕途原地踏步，直至「郭冠英事件」爆發被撤職時還只是九等；所幸，2008年馬英九執政，擺脫和其公務員生涯幾乎重疊的李扁時代，意謂著「陞官發財」不是夢了，在新聞局長史亞平任內，他被外派加

【註解】

[12] 〈中共發展核武 與犯台難謂有關聯〉1992-06-03/聯合報/06版

[13] 1992.08.17/聯合報/04版/焦點新聞。

[14] 〈直航像過馬路 快卻危險？若怕中共闖紅燈 多繞路口也一樣〉
　　　1993.10.18/聯合報/11版/民意論壇。

[15] 〈進聯合國 志在沛公？〉1997.10.03/聯合報/11版/民意論壇。

[16] 〈APEC是苦肉計〉1999.09.12/聯合晚報/2版/話題新聞。

拿大，以薦任九職等資歷出任簡任十二職等的主管缺，熟知新聞局人事生態的，都會知道這絕對是特權行為，如同其成長過程所習慣的特權機車、特權手槍、特權小學，昔日的美好回來了；該職位月薪據聞達二十三萬，當然，加上主管可運用的XX費會更可觀。關於後者，他曾說：「做公務員最基本原則，即絕不用私費請人吃飯」[17]。

所幸，公務員身份對其而言只是個「騙得大錢」[18]用的位子，棄之可也，其生命重心還是擠身真正「高級外省人」之列，他經常在文章中穿插他與外省名人的交往，比如柏楊[19]、侯德健[20]、章孝慈[21]、李敖[22]、張安樂[23]、雷美琳[24]、郭岱君[25]、蔣家語[26]、張佛千[27]…都以「吾友」身份出現在他的文章過；相反地，「本省籍」的「吾友」，查這二十年來的文章只出現兩、三位。這和台灣的人口結構似有極大不相稱；為什麼會這樣呢？他的文章一再出現的「非我族類、其心必異」，就是血淋淋的解答了。

【註解】

[17]〈李敖現象〉1998-12-11/聯合報/37版/聯合副刊。

[18] 於〈十億巴扁洗錢案〉2008.06.11中論外交工作的真相。

[19] 郭表示柏楊曾交給他一份「壯陽食譜」。

[20]〈海峽兩岸看黑手〉1989.07.06/聯合報/22版。

[21]〈政府大陸政策 像在擠牙膏〉1994.11.20/聯合報/11版/民意論壇。

[22]〈李敖現象〉1998-12-11/聯合報/37版/聯合副刊，本篇專文介紹二人認識過程。

[23] 二人一直是好友，郭文稱：「2000年前後，我與張安樂去看廣州黃花崗七十二烈士墓」。

[24] 雷震女兒，郭文稱：「雷美琳當晚一定要請我吃飯。」

[25] 史學家，郭文稱：「郭岱君講到『西安事變』那段還開玩笑問我來了沒有。」

[26] 楊憲宏亡妻，媒體界名人。

[27] 孫立人之新兵訓練總司令部政戰部主任。郭表示二人320投票日下午在一起。

但是「同我族類、其心必同」嗎？就算「同族心不同」，郭寧可選擇包容，「是個感情問題，不是邏輯問題」，這表現在郭對女兒「做中國人」教育上，有兩個案例極「有趣」：一是他曾委託當時在巴黎的女兒當一位中國營口市長的地陪，因為文化差距過大，讓她一路上痛苦難當，於是寫信與父親抗議：「好苦啊，好苦啊。我不管以後可以拉到什麼關係，認識到什麼人，都不要做大陸官員的地陪了。」[28] 父親沒有直接回答，但卻轉信給一些朋友，由朋友們來回，後者皆表示這樣的文化差距來自中國苦難歷史，要她所有體諒；另一個案例則較有名，女兒因在青島機場拍了中國人的「不雅照」，被中國人圍住抗議，最後「從人群爬出來……我記得我回答很多次：『我是中國人。』」[29]（唉，如果妳是真正的中國人，就不會覺得那樣子會有什麼好拍的了。）郭對女兒的回答是：「對不起，我還是要妳當中國人。」

一邊是「非我同族」、一邊其實是「非我同心」，真正能讓「高級外省人」泰然自處的，還是只有台灣——精確地說，是台灣內「高級外省人」所建構的交遊圈，再更精確地說，是「社經政地位均高高在上（並且不用聽、講台語）的特權高級外省人交遊圈」。所以，過去他才會耗費許多時日在鑽營之，今日他才會搖了不少筆桿在鞏固之，而其口口聲聲的「中國」，不過是這個社群所共享的一個精神價值、一個凝聚彼此的符號。這是郭冠英自己所不知的GGY真相，同時也是真正身體力行的女兒挫折感之來源。

【註解】

[28] 2005-10-06/聯合報/E7 版/聯合副刊。

[29] 〈對不起，我還是要妳做中國人—台灣父女對答〉南方周末2008。

05
范蘭欽是個「了不起」的概念

作者：仏國喬

台灣有史以來第一次「人肉搜索」熱潮爆發之後，郭冠英終躲無可躲，出面承認范蘭欽仍其筆名，並且一改之前窘境：「范蘭欽是個了不起概念。」有多了不起呢？以下試著分析。

范蘭欽作爲一種概念，乃是下述三種分類的重疊：種族歧視、統派、反民主；依序而言，這使得郭冠英對「非我族類」有永恒的不信任感，認爲中國至上，並且緬懷台灣過去的專制、支持二二八之軍隊鎮壓手段。在台灣，有些人反民主，但未必依血源判人；有些人堅持自己是中國人，但同時也信奉民主價值；有些人輕視他族，但不認爲放棄台灣主權是個好主意。但范蘭欽這個概念，居然就是上述三個概念的交集，真是太巧了，能不說「了不起」嗎？

事實上，不只郭冠英，台灣正有一小撮人，佔台灣人口比例極稀極稀，也符合上述這個巧合：他們對於「本省人」極不信任，五院除立院外皆是「外省人」，也認爲「本省人」的語言不值得國家資源投入維護，把中國視爲台灣的唯一未來，還對蔣介石這位世界公認的暴君百般美言；這群少數人，剛好就是台灣目前掌握最高權力的那一小撮人。換言之，台灣的現狀，就是有「了不起概念」的一小撮人，統治了我們這些沒有「了不起概念」的絕大多數，後者族裔林林種種，當然也包括絕大部份的外省人。

支持那一小撮人的學界、媒體，事件爆發後就一直引領視聽導向種族議題討論，劉揆提出「族群平等法」，以及四月的二場學界座談

皆是蓄意停步於此（見本書之郭冠英事件簿）。但是，「偉大的范蘭欽概念」惹惱台灣人民的，絕非族群歧視單一面相，而是上述三個面相的重疊並且互相加成，我們更質疑官員們的「國家忠誠」與「人權與民主素養」！而且這個討論絕不能停留在郭一人，他只是「國民黨外省菁英權貴」的支持者，尚不可言真正的「高級外省人」，他的職權也無法改變台灣主權狀況、無法壓抑他族文化、也無法將台灣去民主化。

而正是郭冠英所支持的那一小撮人：國民黨外省菁英權貴，才有真正權力可行之，而且，他們當下正在做，正在實踐郭冠英文章裏的「了不起概念」；靜心想一想，一個九職等的公務員值得整個台灣社會暴跳如雷嗎？一位種族主義者值得千夫所指嗎？當然不會的，人民明著對郭冠英不滿，但潛意志上卻是把箭射向馬英九。這一年來，台灣社會業已被壓抑太久了，急需要捉一個「白目」來當洩恨導口，郭冠英的浮燥個性招來此命運。

舉例來說，爲何范蘭欽比陳雲林更能聚集台灣人的厭惡感？雖然這兩個人物的國家認同、政治理念一模一樣，但因其位子不同，決定了台灣人民的態度；中國想要吞掉台灣，誠屬可惡，但乃我所識之常態；對於掌我公權、食我公祿者，心中卻期待對方之併吞，就完全不能忍受。而今日這些「國民黨外省菁英權貴」，作爲台灣歷史上最大的既得利益者，作爲台灣歷史上長期的民主敵人，2008年後，作爲台灣歷史上第一批踐踏台灣主權的統治者，絕對是比中共政權更可惡。

就「概念」而論，郭冠英個人在范蘭欽事件裏，不過是個小角色，小到我可以說：「不，郭冠英，你才不是范蘭欽，你也從來沒有掌握過什麼權力，所以無法爲范蘭欽負全責。真正『不了起』的范蘭欽，另有一群人！」

第二章

聞

從「郭冠英」到GGY

01
導言：族群高低級

郭冠英的「高級外省人」，以及形容本省人為「台巴子」的言論，著實意外揭露一個真相：台灣族群問題，並不是被個別、少數有心人和政客，所挑撥起來的謊言。

長久以來，台灣族群問題儘管存在，卻有意無意受到刻意迴避，於是此一議題往往就在政黨競爭、藍綠攻訐的口水戰中消費殆盡。郭冠英的歧視言論和潑辣文字，恰恰讓台灣社會有一個契機，可以重新審視「族群的議題」，並考察「族群議題」對當前台灣社會的政經、社會與文化所形成的困擾。

郭冠英的「高級外省人」說法，不僅觸動了「族群議題」的敏感神經，又因為「高級」乃是相對於「低級」而出現，因此「階級」問題也連帶被翻攪了一番。於是，「高級外省人」的主張，無意間打開了「族群」與「階級」夾纏不清的潘朵拉盒子。

本章主要目的是要耙梳「族群」與「階級」之間的爭拗夾纏。我們將躍入戰後歷史發展的縱深，觀照族群的高低級，從這背後隱含的政經資源分配落差、文化優劣高低，考察為何「本省人」、「外省人」都共同有著被「排除」的焦慮與不安。我們還希望能進一步揭露：想跳過飽受族群分化的台灣歷史土壤，直接達到「階級」團結跟凝聚，根本是不可能的。

「族群」當然不是我們的解答。族群只是一個起步，一個橫陳台灣社會眼前必須跨越的障礙，一個阻止進步聲音和進步性團結的阻礙。誠如E.P. Thompson所言，階級是一種歷史現象，也是一種關

係。進入過去歷史的土壤，從中鑑別出「外省權貴」鋪埋的族群分化的歷史土壤，然後按照這樣的土質去施做一個會真正開花的「階級團結」的可能。這是我們往「階級團結」方向邁去的第一步，也是必須踏出的一步！

在這個立場之下，「郭冠英」是台灣「國寶」。因為，自居且出身「高級外省人」的郭氏言論，重新為我們開啟了一個機會，去面對台灣社會當前種種紛擾和阻礙。畢竟，「挑撥族群」和「福佬沙文主義」這兩頂大帽子，正牢牢戴在「本省人」頭上呢？！

真的，在這個立場之下，「郭冠英」是「台灣國寶」，儘管，郭氏本人寧願當「中國國寶」！

02
給「高級外省人」看看病？！

作者：Shinichi

「高級外省人」郭冠英，經由網路鄉民追查一陣子之後，立委管碧玲終於跟進，並對能言善道的「本省台巴子」新聞局長蘇俊賓提出質詢與抗議。

在網路上筆名「范蘭欽」的郭冠英，乃是馬英九政權駐多倫多台北經濟文化辦事處新聞組組長，號稱為研究張學良歷史文學首屈一指的學者。郭冠英本人在一篇為馬英九搞垮台北市「圓環夜市」小吃辯護的文章中，自稱「『高級』外省人」，而在其它文章中每每談及台灣本地人，則用「台巴子」此一蔑稱，以上種種都在在透露郭氏本人的濃厚的族群優越感以及文化歧視。如今，咱「台巴子」就來為此枚「『高級』外省人」看看病吧。望聞問切診斷一番之後，要是能斷診出病因與病根，那麼我們也可以稍稍諒解這種歧視行徑。

高級分類學

自稱「『高級』外省人」的郭冠英，其優越感乃是建立在自身族群、階級以及文化量尺下而得的；高級外省人乃是由「高級」與「外省人」這兩個範疇組合而成。

首先，「台巴子」中的原住民、雜種台灣漢人，宛如「化外之民」，在古人說「非我族類，其心必異」下，用「外省人」這一範疇排除即可。至於，所謂「外省人」則有低級與贋品級兩類，分別是：1949年跟隨蔣氏來台的「低級外省人」，屬於瑕疵品；以及中

國國民黨威權統治台灣五十年的歷史中，訓練教育出一群自認為是「中國人」的人，屬於贗品。這兩個類屬依舊被排除在郭冠英那種「高級款」的「外省人」之外，是高級款之外的「他者」、異類，無法高攀、染指並玷污郭氏所謂的「高級」類屬。

所謂「低級外省人」，指的就是像階級低下的老芋仔或老兵等等，因此，筆者住家隔壁的「藍杯杯」，儘管是被蔣介石政權裹脅到台灣，並在台灣成為退伍老兵，依舊不是郭氏「高級」品的外省人。此類「老芋仔」在郭冠英的文章論述跟心態，儼如是「瑕疵品外省人」，不是郭氏本人這種「極品」。當然，這個類別中，除了出身、學識和階級皆屬於「一高二低」（學歷低、年齡高、收入低）的老芋仔之外，還有一批即是范蘭欽在2007年10月6日〈曲線報國複中華〉一文中提及的「頭腦不清的支那人」。這所謂「頭腦不清的在台支那人」，應該是指涉支持泛綠或台獨的外省人。

至於，所謂「贗品外省人」中，有一種是明明是以台語或客家話為母語者，但其時常操著一口「標準狗語」，日常對話中，也不時透露著對於講台語、客家話或他們認為的「方言」，乃是沒水準之一群人。此類屬人，以客居台北中國城居多。此類人，越要操持著一口標準狗語、越要跟其出身背景和文化切割、越要像「高級外省人」學習看齊，就越是弔詭地表露出一種特性：他們像是追隨布爾喬雅的品味的中產階級，他們越是努力學習那種舊有「慣習」（habitus），就越是讓身體充滿著斧鑿的痕跡。這些人隱藏出身族群的用意，宛如是法農（Frantz Fanon）所描述的「黑皮膚，白面具」一樣，只是「本省賤民皮膚，高級外省面具」的翻版罷了。這類屬在「高級外省人」的眼中，依舊只是「假」外省人——亦即，充其量只是「贗品外省人」罷了。

唯有如此，郭冠英筆下所言之「高級外省人」，方能有區隔性，並顯示出其高級之所在；亦即，明顯地區隔出「台巴子賤民」、「瑕疵品外省人」，以及「贗品外省人」等。至此，「高級」，方能作為炫耀性的鑑別手段！

那誰是「高級外省人」呢？！

根據，郭冠英女兒郭采君的一份會議報告中，大約可臆測出「高級外省人」的指涉。出版《世紀行過——張學良傳》一書，讓郭冠英成為對岸知名歷史學者，並受邀出席2008年11月14在中國海復旦大學舉行的「口述歷史研究中心」揭牌儀式，以及「口述歷史與實務」論壇。或許，基於郭氏乃是駐加拿大多倫多新聞組組長，最後此一論壇由其女兒郭采君頂替上陣，並在會議上宣讀一份口頭報告。

在此份名為〈松花江上〉的報告宣讀中，明確揭露了替郭冠英與張學良居中牽線結緣的，乃是郭冠英政大朋友王一方。同時，有一段時間，出席張學良家的過年聚會場合中，也包括王一方的同學：當今的第一夫人周美青。從郭氏的交友圈看來，第一夫人若是高級，則馬總統也定是「高級外省人」一族；吾人也才恍然大悟，原來各種賤民台巴子和低級外省人，不正是共同被高級外省人統治著嘛？！

「对不起，我要你做个中国人」？！

既然，採取望聞問切，四診合參之方式，就得採取一種所謂「中學為體、西學為用」的脈絡化診斷方式，並將其正在上海從事服裝設計師的女兒郭采君與郭氏本人的互動作為脈絡關係人進行診斷素材。

2008年5月8日在中國的報刊《南方周末》有一則投書，是以郭采君和郭冠英的信件對話為呈現，並在中國各網站中轉載討論。

故事節錄如下 [1]：

「爸爸：

我昨天差点被人家打！

五一放假，我在青岛机场候机时，看到一个老太太一人占据四张椅子，而同时很多人没有位子，就拿起相机咔嚓一下。一个女的马上挡在我面前骂我，问我为什么要拍老太太……一旁有人说：「那你为什么不去拍快乐的小孩子？你是什么人？你干嘛乱拍，你不是中国人！你怎么这么毫无羞耻！」顿时我明白了，他们以为我是C/N/N（China Negative News），生怕老太太睡觉的照片就去C/N/N。

……老太太起来了，走到我面前大骂……「你到底是什么人种，为什么要破坏中国形象？为什么不把好的事情报导出去，你是嫉妒我们奥林匹克吧！？滚出去！道歉！」……

我记得回答了很多次「我是中国人！」

（上海郭采君服装设计师）

女儿：

你没错，在椅子上睡觉就不对，不对就没什么家丑不外扬的问题……没什么「反对中国」、「破坏中国形象」的问题……他们使你在做中国人的时候，也要做出很大的牺牲与自我说服，也要联想到中国曾经是如何痛苦……

对不起，我要你做个中国人。

（台北 郭冠英 作家）」

【註解】

[1] 轉引自《南方周末》http://www.nanfangdaily.com.cn/epaper/nfzm/content/20080508/ArticelE29005FM.htm

這則故事，讓人想起2008年5月3~4號在南投暨南大學一場名爲〈打里摺高峰論壇：族群「話」台灣〉的會議中，中研院學者蕭阿勤的研究報告——「永遠的外省第二代？」。

此一研究中，研究者提出所謂「外省第二代」的概念，作者未言明指出的是，如果所謂「外省第一代的歷史經驗」可以理解，且他們會逐漸凋零，但是，實際上透由生活與情感的傳承，導致認同焦慮和徬徨的「第二代」狀態，怎麼恰似封存停格般的，不斷地讓外省族群糾葛於「第二代」的狀況呢？！

蕭阿勤直接進入到過去歷史軌跡中耙梳，1970年代，那個屬於「回歸現實的世代」。1970年代中的釣魚台爭議、尼克森訪中、喪失聯合國席位等等事件對當時20至40歲外省人衝擊很大，因此，圍繞在北部的大專院校，開始組織或半組織起來，並在校園舉辦座談會發表言論等。

再往前推，則是1960年代的外省年輕人，也在某個特定的時候，特別從世代的角度來思考。五六０年代，當時的外省年輕人開始想說：「爸媽把我們帶到台灣，我們也已經長大，那我們跟台灣這塊土地有啥關係等。」是故，大概從五０年代末，談音樂、小說、論現代化問題者，大部分都是外省人，並據此激起「中西文化論戰」。當時，大多數的年輕外省人，都是用批判的方式談論中國文化，透由批判傳統的追溯，也就間接批判支撐中國傳統的國民黨。

以上這兩個歷史中曾出現的「第二代外省人」對於所謂上一輩的「第一代外省人」的反思，基本上都被蕭阿勤歸類解讀爲：「外省族群代際間」的緊張衝突。

但是，1990年代之後，跟過去的「第二代外省人」的焦慮表現不同的是，他們針對的不是「外省人內部」爲主，而是針對「本省人」爲主、甚至是對反對運動所帶來的本土化、台灣化下產生的危機

感。1990年代之後的「第二代外省人」反省的問題是類似：為何受辱？為何受苦？外省作家張大春、朱天心等等這些人反省為何受辱受苦之時，他們背後焦慮的是：在本土化過程中的疏離跟調整的問題。於是，「外省人」就永遠處在一種蕭阿勤嘗試定義的「第二代」狀態之中，似乎在這永遠的「第二代狀態」中無間輪迴，無法超脫。在回歸中國以及歸屬台灣間不斷擺盪。

事實上，蕭阿勤的研究已經替「高級外省人」等的病情，進行了相關把脈問診的基礎工作。然而，郭冠英跟其女兒在《南方周末》的對話錄，則顯示出郭冠英已經領悟到病情，並嘗試將開解藥給他的女兒—「对不起，我要你做个中国人。」然而，這個藥方療效究竟為何，且讓吾人先回到台灣的族群糾葛中一探究竟，方能確知。

「不要分那麼清楚」－「誰是老大」？

台灣族群議題相當棘手，其實，某種程度也不難理解。許多「外省族群」聽到「外省人」（waishenren）這個詞彙相當反感，並馬上會直截反應，「大家都一樣，不要分那麼清楚」。此種反應，其實剛好直指了台灣族群議題的癥結。

「不要分那麼清楚」，其實就是對岸胡主席錦濤所推動的「和諧」社會。大家「和諧」一點，和成一塊，不要分彼此。然而，對於不問政經發展與歷史脈絡和社會條件的「和諧」，只是表面的和諧罷了。

因此，有學者指出，過去台灣的族群只有「融合」一個選項，現在還可以對立、衝突的不同選擇，算是相當進步囉。說白話一點，過去，女性三從四德，嫁作人婦只能被「霸凌」，等到媳婦熬成婆之時，才可以霸凌回來。但是，現在女性自主意識提升，休妻不再是男人專利，霸凌婆婆、毆打先生的新聞也時有所聞。這某種程度是一種進步。此種情形，即是學者指涉的過去族群只能「融合」，現在還有衝突對立甚至調解之可能選項，已算是進步云云，有著類似的邏輯。

有趣的是，在蕭阿勤報告的會議中，與會者有人提問指出：我們有客家學院、原住民學院，可是就是沒有福佬台灣人學院，連台語都已經是吊點滴階段了，其實外省文化才是強勢文化。這位聽眾的玄外之音，恰恰說明了一件事情：刻板印象中以說台語的「福佬人」為主的民進黨提出的「原住民、閩、客和外省新住民四大族群」以踐行所謂「多元文化主義」（multiculturalism），依舊會讓「外省人」焦慮跟不安。

這當中的落差在於，過去所謂「族群不分」的年代，只是表面不能分、不能說，但內裡實質則是有分。不論是從政經資源的分配，職業傾向、語言慣習、中央外省權貴跟地方本省人派系間的兩層分贓統治等，過去根本是族群分化的年代。因此，在過去的歷史繼承之下，所謂「外省人」以「不要分那麼清楚」來說嘴，根本無法取信說服「本省人」：過往實質政經資源以及文化高低位落差的不平等，已經真的過去！

以「本省人」提出的「四大族群」以踐行多元文化主義，並成立客家學院、原住民學院等等，會在四大族群過程中「族群化」了「外省人」這一群體類屬。因為，多元文化主義是以「群體界限」（group boundary）以及「差異」（difference），作為彼此鑑別，以及按照自身群體的特殊性被「肯認」（recognition）下，共享資源。在這種情況之下，客家族群與原住民族群，可以用這種方式得到各項資源分配的關注，但是，若按照這樣的操作方式，「族群化」後的「外省」群體，將成為四大族群中的「少數族群」，而被「差異地」對待著，那人數最多的「台語福佬本省人」，不就成為四大族群中的「老大族群」了嗎？

那過去表面上沒有區分的年代中，你我一樣，其實就是「大家都是『中國人』」（其實是「外省人」），就此觀之，「不分族群」和彼此的年代，對「外省人」而言多麼「和諧」啊？！企圖用「四大族群」證成多元文化主義的提法，依舊無法取信「外省人」，並讓

過去的所謂「族群和諧」的年代消失。這心照不宣的背後即是：如果不區分，大家依舊是講著「國語」的年代，外省人就是當中的優勢族群。因此，不用懷疑，只要講到「族群」，尤其講台語的人講到族群，一定就會變成「挑撥族群」，畢竟，這個對照組是過去你我不分實質是「外省權貴」當家的「族群和諧」年代啊！

簡言之，國外的種族族群議題中的「同化」和「多元文化主義」下的差異肯認和尊重，轉譯到台灣，即成了「外省人」要過去的「族群和諧」年代下「不要分那麼清楚」，以及本省台灣人要的「四大族群」的差異肯認間的拉扯跟對峙。

在過去「族群不平等」的基礎之上，一個族群平等，甚至沒有差別心狀態的社會如何而可能呢？當然，馬總統之流的國民黨權貴，善於利用經濟懷舊挾帶政治懷舊來遂行其政治目的。這種操作方式，轉譯成戲謔的語言即是：人家控訴老K過去「強睡民女民男」，老K則會回應，都已經睡了五十年了，而且你不是還時常「高潮迭起」嗎？！對於中正廟要不要正名的爭拗遊戲的背後，不正是反應了這個戲謔對話嗎？人家指控蔣介石殺人，老K就會回答說，蔣經國不是讓大家經濟很爽嗎？！類似這種夾纏的爭議，其實也是「外省人」到底要不要被「族群化」，抑或「不要分那麼清楚」兩者爭拗的一種表現。

於是，台灣的族群問題，在此就變成僵局難題囉。基於此，台灣學者嘗試努力從轉型國家的經驗中引進「轉型正義」，嘗試處理過去威權政權利用國家暴力謀取小民性命和自由所遺留下的歷史負資產問題。不幸的是，縱連此舉，都被國民黨及其媒體給極度妖魔化為挑撥族群，遑論過去國民黨作為少數統治五十年間，所夾帶操作著隱誨不彰的「文化歧視」的過去呢？！

郭氏藥方的化驗？

不論如何，回到郭冠英及其女兒的對話錄中，郭冠英對其女兒「做

個中國人」的教育和耳提面命，其實是郭氏本人「無間道」演久
了，希冀其女兒擺脫其命運的表現。

郭冠英分享著張大春之類的外省作家的「爲何受辱、受苦」的心情
時，他深知，對於此種受辱、受苦的解脫只有三種選項：1. 投身入
對台灣本土認同並痛苦地調整；2.繼續讓女兒成爲永遠的「外省第
二代」，永遠都在認同焦慮中無間輪迴；3.徹底擺脫並告別與「台
巴子賤民」爲伍的行列，投身入「中國人」的陣營，一舉擺脫這無
間輪迴的折磨。

於是，郭氏用女兒服藥的方式來間接治癒自己的病痛。郭冠英，其
實忘了，1984年生於台灣，成長於紐約、溫哥華，並在法國讀服裝
設計專業的女兒，其實可能會有更多元的認同選項，郭氏將其自身
認同焦慮的藥方投放在兒身上或許過於殘忍。

再者，郭冠英忘卻了一點，縱使出身「高級外省人」此一優秀血
統，當其面對到真正的中國人時，「高級外省人」硬是被青島這枚
理當是「低級中國人」的照妖鏡給現出原形：你不是中國人。原
來，高級外省人，頂多也只是「假」中國人罷了，不論青島老太太
是屬於多麼「低級」的中國人！！

郭冠英，乃是政大政治系、政大匪情研究所（東亞所）、在國民黨
黨營的中國電視公司策劃「六十分鐘」新聞雜誌節目達五年、又在
聯合報擔任記者兩年、後來又到駐外單位新聞組服務的經驗，對於
國民黨過去情治系統有所了解的人，都會對郭氏與情治單位的牽
連，產生千絲萬縷的遐想跟懷疑。（國民黨跟情治單位的種種夾纏
關係，請參考《透視情治系統》，風雲論壇社出版，1985）

且不論郭氏出身，就其目前在多倫多文化辦事處新聞組服務的實
情，郭冠英其實是很不具專業精神的「打假球」者。職棒選手以打
假求欺騙球迷所以違反專業精神，郭氏的專業職責，理當是宣傳台

灣並突破中國封鎖，但其卻心向中國，這跟馬英九綠卡疑雲，以及美國人李慶安佯稱充當台灣官員的行徑類似，都是如出一轍的「打假球者」。

如果打假球的職棒球員下場相當淒涼，那為何馬英九、李慶安以及郭冠英之流的「高級外省人」，依舊晉封加爵享受著榮華富貴呢？！是因為打職棒者，都是本省跟原住民等台巴子賤民嗎？？

至此，對於「高級外省人」的斷診已告一段落。「高級外省人」病痛的背後，基本上是為了擺脫學者蕭阿勤指稱的「永遠外省人第二代」的焦慮狀態，並內心無奈領著台巴子支付的薪水下，並將其藥方熬煮給女兒服用。因此，其女兒越是服用郭氏之藥方，郭氏本人就越得擺出鄙夷歧視台巴子賤民的姿態，以作為身在「無間」輪迴的無奈和痛苦的表現啊？！

03
從「旗」袍到「祺」袍之移民史：
高級外省人的焦慮

作者：髏歷塔

區分你我，但不分高下

某天下午跟一位外省朋友聊天，因聊天的內容關涉於穿祺袍的經驗，於是我詢問：「我聽說眷村裡應該比較多外省媽媽有穿祺袍的經驗吧，不曉得真實情況是這樣嗎？」這樣的聊天內容我誤自以為稀鬆平常，應該沒有特別冒犯之處，但這位朋友卻好像被踩著痛處一樣生氣得說：「大家都是台灣人，幹嘛分什麼本省、外省呢？」接下來連好幾次跟外省朋友做類似的交談，只要一提到外省人這樣的字眼，就會出現差不多的「幹嘛分這麼多」的反應。這些反應讓我心生許多疑慮。我記得小時候認識姓氏比較特別的同學時，總會特別羨慕她們的特殊性（姓），並同時欽羨她們一口標準的國語，氣質好像顯得特別好，老師也特別喜愛這樣的學生，因為班上不小心說台語而受罰的同學總是看起來特別不守規矩、並且不受老師喜愛，所以對我來說，刻板印象上當外省人好像就有一種莫名的優越感才對呀，為什麼這些朋友那麼討厭這個稱詞呢？

1981年美國人類學家Hill Gates在《台灣人類學刊》發表過一篇名為〈族群與社會階級〉（Ethnicity and Social Class）的論文，當時她的文章論述了兩個觀點：第一，一般大眾對人類學的研究印象多停留在部落研究，以台灣為例，台灣人大多認為人類學就是在研究非洲部落或原住民文化，第二，台灣人類學的研究在當時多停留在唯心史觀，並未深入探究族群文化、民族性或國族認同的差異，而這些差異很大部份乃由政治經濟狀態影響形構而成，而非單純生物性

決定的。Hill Gates在文中開展了不一樣的研究觀點，將台灣的人類學視角拉出山林部落，把研究焦點擺放在同在平地生活的外省人跟本省人身上，另外，再進一步研究政經基礎對外省人跟本省人之，會對他們的社經地位及民族認同產生什麼影響。透過Hill Gates的研究，可以理解到本外省人並不是生物性上天生的區分，而是立基於政治經濟結構歷時性的影響，形塑出兩個族群之間的差異，並進一步了解到其中形塑了什麼、影響了什麼、又改變了什麼。

如此看來，去區分出「本省人」和「外省人」，並不是為了區別你我、分出高低，好進行不平等的權力資源分配；我們反而是希望藉此進一步了解並尊重區別，再進行相對平等的權力資源分配。

最近討論得沸沸揚揚的郭冠英「高級外省人」言論，其論述中時不時透露出高級外省人有一種被邊緣化的焦慮，這讓我聯想到祺袍的歷史，祺袍從中國移民到台灣，從象徵高級貴族到瀕臨沒落的時局，此歷程與高級外省人的焦慮現象似乎有些許相呼應。這一篇文章期望以祺袍的簡短移民史為回顧，來探看台灣的高級外省人，在心態上和處境上的轉變。

前世旗袍

旗袍原是滿人八旗婦女之袍裝，因此名為「旗」袍。滿清統治時期，漢人婦女因循「十不從」條例之「男從女不從」守則，因而不被嚴格限制穿著滿人服裝旗袍，也因此漢人婦女多穿著明朝傳統漢人服裝而未著旗袍。旗袍因此具有區別滿漢之不同民族性的差異，更進一步象徵滿清為少數外族統治的勢力。

到了孫中山推翻滿清建立民國後，當時滿清官定的禮服，多已廢革，以往在中國政治文化傳統裡，若改朝換代，那麼服裝制度也要跟著更改，因為服制關乎一國的興亡，其變異乃與種族國家同命運，因此孫中山開始著手於民國國服的發明跟服裝政策制定。民國18年4月16號，國民政府公布「服制條例」，其對禮服的規定，

女裝的部份有兩款,一款為藍袍(貌為旗袍),另一款則為上衣下裙,但第一款袍裝在當時較通行。民國時期此國服的設定,除了藉以區別出現代民主中國與封建清廷的差別外,再來便是當時中國面對西方帝國主義的環伺的一種反擊。在這個階段,旗袍被附予國族想像,民國政府期望藉由服裝的穿著來建構人民身體對國家政府的意識遵從,因此旗袍是一相當富有國族象徵的女性服裝。另外,穿著旗袍者多為讀過書的女性,就功能性而言,旗袍實在不適合在艱苦農耕及勞動工作時穿,因此旗袍又富有智識女性/知識女青年的象徵。在這個時期,就小的社會階級層次區別上來看,旗袍可用來區隔民國女知青與前朝舊時代勞動女性的形象,在大的國族區分層次上,旗袍可進一步用來區隔出東方女性與西方女性之別。「旗袍」,至此已經從封建滿清「旗人」女性形象,成了「新中國」現代化女性的象徵。

今生祺袍

1945年,旗袍隨著國民黨政權來到台灣。顧看台灣的歷史,台灣在1895年到1945年間由日本殖民統治,這段期間日本從教育到服裝一律對台灣人民進行皇民化改造運動,因此台灣人被日化的程度甚高。當時國民政權的總指揮陳儀要去除台灣人身上的日本性,因此決定要進一步「中國化」台灣人民,於是國民政府開始推行中國文化。到了1966年,中國發生文化大革命,紅衛兵到處破除四舊(舊思想、舊文化、舊風俗、舊習慣),當時在台灣的蔣介石認為文化大革命將中國傳統文化破壞殆盡,因此當下就決定在台灣強力推行中華文化復興運動,一方面可以強力「中國化」被日化的台灣人,另一方面又可以藉由保有中國傳統文化來與對岸中國做一區別。

1968年的中華文化復興推行活動裡明文規定,旗袍為國定服裝的類項,因此旗袍開始大量出現在特殊高尚場合,例如中國小姐選美賽中,如何穿著旗袍並顯現優雅中國女人之姿態,就在評分中佔相當大的比重,又當時影視明星、官夫人及蔣夫人宋美齡女士,再再皆穿著旗袍出入各大場合,鮮明凸顯出中華民族象徵。但弔詭的是,

當時人民不是被動員要反共抗俄實行節約簡樸運動而不穿華服（旗袍），便是因經濟能力不足而穿不起旗袍，旗袍的定位因此變得複雜。它一方面被定位為富有國族想像的服制，好似每一位國民都應該以穿旗袍來展示其中華文化國族認同，但另一方面，旗袍又好像只是被推崇為高級文化來推廣，擁有政治、經濟權力者才有資格及能力穿著。這讓人不禁懷疑，旗袍是用來「中國化」台灣人民的工具嗎？抑或只是用來重新排制社會/族群階級的工具？旗袍在這個時期弔詭地成為一種「服裝政治」（dress politics）的展演：她一方面好像要「中國化」底下的臣屬子民尾隨仿效，穿起旗袍展現中華民族認同；但在現實上，卻是讓這些尾隨之人，永遠跟不上。於是，「旗袍」成了「祺袍」，成了一種工具，用來維持與鞏固統治者與被統治者身份和權力的差距。

1970年代，中美斷交，國際上只承認一個中國，台灣的外交處境面臨困難，再加上石油危機的衝擊，國內對國民政府的躂閥聲不斷，黨外運動不斷要求政治經濟民主化。蔣經國當政時，在政治上，積極「台灣化」其內閣，擴大啓用台灣人進入黨政，並任命其擔任要職；在經濟上，為了強化人民對台灣的信心，蔣經國推動國內十大建設，進行了總額五十八億美元的大規模公共建設及重化學工業投資。國民黨的威權政治結構在政治經濟不斷台灣化的狀況下，開始了重構的一步。對照來看旗袍，碰巧的是旗袍的生意在1970年代開始走向下坡，於是幾個旗袍商家便在1974年在台北市成立「中國祺袍研究會」，希望集結力量來推廣祺袍。當時研究會的第一件任務即是「正名」旗袍，將旗袍的「旗」字改為「祺」字，進一步附予祺袍為漢人服裝的正統性。服裝歷史學家王宇清先生認為現代中國婦女穿著的長袍，俗稱為旗袍，一般人認為這種袍裝，是滿清旗人留傳下來的。實際上，中國婦女所穿的袍服，可以遠溯周、秦、漢唐時代，在當時婦女的穿著即是袍、裙並用，並非始自滿清旗人婦女才穿長袍，因此他建議將旗袍正名為祺袍，取祺字吉祥之意，因此旗袍又可釋稱為幸福的女袍。

但祺袍的生意並未因此振興，70年代當時國內市場蓬勃發展，再加上經濟發展力高度提升，因此市場商機出現，根據統計平均每月每戶在娛樂教育文化服務上的支出成長了四倍以上，由此可探見台灣消費型社會的初成形。80年代，台灣政治進一步民主化，市場經濟更加自由化，又是消費型社會的擴張期，消費力更是隨著經濟力狂飆而成長。此時服裝的選擇權讓渡到消費者的手中，另外服裝的類項也越來越多，有成衣及國際進口精品的加入，在競爭環伺的狀態下，祺袍似乎因爲象徵過度的政治民族意識而更乏人問津了。

「斜陽族」之焦慮

在台灣消費型社會成型前，擁有政治或經濟權力的貴族，似乎多習以穿祺袍來彰顯其階級高度，而穿不起祺袍的人民便因此被排除爲權力階級上的他者。若說國民黨政權曾經期望以祺袍做爲一種文化練習來建構文化霸權、統御台灣人民，甚至試圖將台灣人民及台灣文化定義爲在文化上的他者，那麼，這樣的情況在80年代後，似乎已不復見。80年代的台灣，政治經濟持續自由化及民主化，文化的定義權已不再只是掌握在少數人手中，消費者開始發聲，資本主義開始發酵，祺袍在台灣開始面臨傳統製作技藝失傳的局面，一群原本試圖以中華文化/祺袍文化來鞏固中華民族認同的上層統治階級失去了政治、經濟、文化的掌控權。他們或許正被迫面臨成爲他者的危機，而郭冠英之高級外省人的言論似乎也透露出被他者化危機的焦慮。

本名津島修治的日本作家太宰治，在1947年連載的小說《斜陽》中，成功描寫沒落貴族在二戰後的淒涼處境。小說裡描述的「斜陽族」就此成爲「沒落貴族」的代稱。小說中對「斜陽族」的刻劃入木三分，其歷經的炎涼處境帶來的心情轉折，讓人感覺細膩又深刻。又記得，中國在面對歐洲國家指責其人權紀錄時，曾發出這樣的聲音：「有人把歐洲比喻爲國際舞臺上的『沒落貴族』，始終不肯放棄自己的傲慢與偏見，總是用一種酸溜溜的目光觀望著今天的世界。他們在不斷地發洩對一個變化、進步的世界不滿的同時，也

不肯放過任何一個可以稍稍顯示一下自己貴族氣質的機會。」郭冠
英的「高級外省人」論調，並對「歹丸鬼島」的種種批評，似乎與
「斜陽族」及中國批評下的歐洲頗有異曲同工之妙。

透過旗袍在台灣的起落，才讓我間接理解在台灣的「斜陽族」所面
對的焦慮，或許正是面對這樣的焦慮，郭冠英才那麼一再地強調其
為高級外省人；或許也正是面對這樣的焦慮，我的外省朋友們才那
麼希望外省人這個稱詞能早日成為不被提及的過去式。「區分」，
究竟是水平的、還是垂直高下的，似乎還在困擾著台灣社會！

04

誰丟了「高級外省人」的臉？

作者：馬賽曲　圖：打果泥

不管人們喜不喜歡、同不同意，很多人、事、物就是以低、中、高級做區分，就像本省人可以有低中高級之分，外省人也會有「高級外省人」與「低級外省人」的分別。

如果有人自認「高級」，他人即使不以爲然、甚至嗤之以鼻，自認高級者還是可以在自己的世界中，維持高級的自我感受。

按照族群分類：本人既爲「外省人」，在黨國體制的教育之下，又不分省籍地被教導要學習四維八德反共復國兼高級〈誰會從小被教育要低級啊？〉故而，不同於東窗事發時，便急忙否認自己是「高級外省人」的郭先生，本人在這裡大大方方地承認忝爲「高級外省人」之一員。

既身爲「堂堂正正」的「高級外省人」，本人要對這種因GGY症候群〈見本書第四章之說明〉敢做不敢當的行徑，表達極度之不以爲然！想想法國大革命時，既使要在眾目睽睽上斷頭台面對死亡，路易十六國王及王后還是維持貴族的「高級」身段。連當時的劊子手都不能忍受市井傳言，爲路易十六國王臨死前的風度與尊嚴爲文作證；而據說瑪麗安東尼王后上斷頭台時不小心踩到了行刑人的腳，還立即說聲對不起，果然是出自奧地利貴族的王后，高級優雅渾然天成！

這豈是某些自命「高級外省人」之流可相望其背！既然自認是「高

級外省人」，敢拿著「台巴子」「鬼島」的新台幣薪水，在網路上大放厥詞，一旦被那些「非『高級外省人』」挖出來批評，就自當維持「高級外省人」的優雅風範，敢做敢當，維護自己高級的出身及尊嚴！怎麼瞬間就自我退縮否認，不僅把自己的「高級文章」立即刪除，連「郭才子」這樣高尚的封號都棄之如敝屣？甚至還聲稱「高級外省人」只是用來自嘲！〈自己要當小丑，把「高級外省人」的尊稱拿來開玩笑幹什麼？〉雖說在說詞反覆數次之後，終於「出櫃」承認自己是范蘭欽，卻在返台時仗黑道手下威嚇之勢，在桃園機場、台北街頭如入無人之境，與先前口口聲聲自己飽受生命威脅的態度，判若兩人。

當然，展現出這類GGY症候群之「高級外省人」還大有人在。在戒嚴時代靠「反共愛國」起家的郁慕明，似乎以為人們忘了中國之前的望族早就被共產黨清算鬥爭殆盡，大言不慚地堅稱自己在上海的豪宅，是出自其曾祖父之望族背景，絕口不提其當今紅色中國的望族地位與諂媚共黨專制政權之間的關係。另一位「高級外省人」李慶安，同時還兼有「高級美國人」的身份，雖然享受「高級美國人」的退稅，卻也在事跡敗露後，背棄自己選擇宣誓效忠的美利堅祖國，在電視前一次又一次否認自己的「高級」身份，真是叫人情何以堪。更不要說那位去獨漸統、化成灰也是台灣人的「高級外省人」兼「高級美國人爸爸」馬某，為了當個中華台北的先生，不只矢口否認自己的高級綠卡，還要以公開不穿內褲的低級趣味來媚俗！

難不成這真是中國人說的橘化為枳？想要當高級的貴族，卻又敢做不敢當，一旦不能仗勢欺人，就成了小孬孬，這真是丟盡了「高級外省人」的臉。凡「高級」之人，怎能容忍與之為伍？

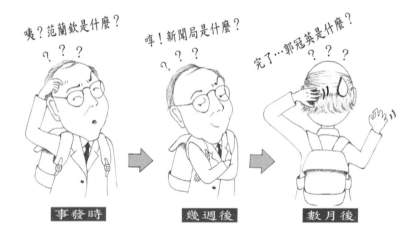

05
一個「中級外省人」的GGYY

作者：馬賽曲

我雖有時自認為是「高級外省人」，但矛盾的是，在客觀現實中應該算是被分類為「中級外省人」：我的父母是一對「高級外省人」與「低級外省人」的婚姻結合，也因為如此，當年受到「高級」長輩的反對。不過因為值得歌頌的愛情，他們不顧一切地選擇在一起，也順帶成就了我這個「雜高低級之中級外省人」。

記得念小學時，當老師統計班上籍貫分佈的時候，我是那引起注意的少數，當時年紀小，卻也隱隱感受得出是一種受人重視的特殊：如果沒有我，我們班貼在教室外的籍貫分佈地圖，就很可能會在秋海棠上少了一個省；而當老師在課堂上講述相關歷史時，由於可以和家族的故事對照，更令我感同身受。

但是，每逢迎年過節去中央新村、大湖山莊拜訪「高級」的親友及長輩時，卻又進入了另一個世界。同樣也是年幼的我，不用人教，也可以感受到不同：先不說在那個年代中，令人自慚形愧、附有院子的洋房格局以及陳設，在其他來來往往的客人中，連小孩子都可以明顯地感受出其中的冷熱以及重視的差別。

一轉眼到了開放大陸探親，我家的「低級外省人」在中國有權貴親戚，而「高級外省人」在中國的根，早就在清算鬥爭中被剷盡，連近親都找不到。不過，這也許早就不重要了，大部份的「高級外省人」親友，應該不會再生出「外省第三、四代」，因為都已經是土生土長的美國人了。這些「高級外省裔」的美國人，大多受到良

好的教育，認同美國及美國價值，不僅沒有所謂的「中國認同」問題，連中文都不一定會說，更遑論「本省」、「外省」的區別了！〈在這一點上，對照起第二代台美人對台灣熱心的差別，不知道和台灣的民主自決符合美國的價值有沒有關係？〉

忘了是誰說的：「人喜歡標榜自己沒有的東西。」我總覺得，今天我們社會中的那些自以為「高級」的所謂「高級外省人」，客觀上可能和我一樣，還算不上是「高級外省人」，其中不少人反而可能是出自中間階層〈黨、軍、公、教〉的外省人。〈從「低層」一下子流動到「高級」的，畢竟比較少。〉頂級的外省蔣家人需要標榜自己「高級」嗎？蔣經國反而要以穿夾克、吃路邊攤來表現出自己的親民及平凡！

在1949年隨國民黨政府來台的「高級外省人」，在相較之下，也許在台灣過得還不算差，但不少人因為失去了在中國大陸的一切，深感政治變化之無常及不可靠，在當時，這其中的許多人未必會優先選擇利用自己的關係，在不令人覺得安穩的台灣，為下一代安插黨政方面的職務，以致在台灣待下來。在唯有讀書高的文化背景下、以及科學萬歲的年代中，如果認為自己的子女念書有出息，不少人反而鼓勵甚至要求自己的下一代學習理工，而這同時也是移民至安全又先進國家的方式。記得宋楚瑜曾經回憶：他第一次大學聯考理組落榜，花了很大的工夫才說服他的父親宋達將軍讓他改考文組。我有時候好奇：不知道愛標榜自己英文好的馬英九，當年的數理成績如何？他在建中選擇念文組的原因是什麼？

我在台北長大，在解嚴的年代首次聽到二二八屠殺的故事，出國以後才完全覺得自己是台灣人，而且一直到今天，外國語言都說得比台語好。我曾經對自己不會說台語，以及外語比台語好感到抱歉，但是現在不這樣想了：雖然還是希望有機會能學會台語，也在找機會學習，但是我是台灣在那個時空下的產物，我是台灣人，就見證著台灣的多元及包容。

當年隨國民黨政府來台的外省人，不管是被強徵拉伕逼來的、還是避共黨清算逃來的，也不管在台灣過的是哪一種層級的日子，這過去的六十年，台灣接納了那一批外省人，提供了他們以及其後代從逃難歇腳喘息以致進一步發展的機會。身為所謂外省的台灣人，又有移居海外的近親，我完全可以瞭解：認同是不能勉強、也不該勉強的；但正由於此，民主自由開放社會的多元包容才是需要共同守護的寶貴價值。

弔詭的是，我看到不少有美國孫、以身為美國人祖父母為榮的外省人〈還有中國人〉，卻恨不得台灣人都是中國人；而那些「回歸」到中國「發展」、並以台胞、台商身份促統的台灣人中，本省人竟然是大有人在。不過說來說去，這都比不上那些曾經「與匪誓不兩立」的國民黨高官，在那麼多跟隨者的慘痛犧牲之後、在忠心國民黨員迄今仍在中國身受中共迫害，而共產黨沒有改變也完全沒有歉意的情況下，寡廉鮮恥地奉承中共獨裁領袖，與其舉杯交歡。

即使在越戰結束多年之後，美國與越南建交時，還是要確定沒有任何美軍被越共關押、要繼續找回每一位任務失蹤者的下落。但今日汲汲於「連共制台」的中國國民黨，卻欠我跟隨其反共來台的父母與家人、在中國因此被牽連屠殺整肅的親人、以及多年來接受其「漢賊不兩立」政策統治的台灣人民一個交待！

台灣人可以是福佬人、客家人、外省人、原住民、甚至是東南亞的新移民或其他族群；每個人也可以選擇自己的認同，選擇做台灣人、中國人、美國人都是該被尊重的，但是若選擇與窮兵黷武的專制政權助紂為虐，剝奪其他人的選擇自由，不但違反了多元包容的原則，也令人無法諒解。今日的中國政府連自己人民的選擇都予以剝奪，如果選擇做中國人，難道不應該更關注中國人的民主人權與尊嚴？難道說，選擇中國，一定也要選擇壓迫嗎？

06
為低級外省人說句話

作者：hermia　圖：小麻子

我要感謝郭冠英，替偽善的台灣高級社會展露出內在醜惡而不堪聞問的一面。我由衷地感謝郭冠英坦然地揭示出他的族群歧視和隱隱然的階級歧視。

我更感謝郭素春，她更加露骨的階級與族群歧視提醒了我們郭冠英決不是一個特例，提醒了我們那些「高級」的本省人、外省人以及「高級」的女人和男人們的存在，並不是謝長廷的「外省權貴集團說」所能全然解釋、一語道盡的！

這個問題要認真解析起來太過複雜，超出本文所能處理的範圍。以下，我只想為在台灣的「低級外省人」說幾句公道話。

他／她們，從來就和高級外省人身處在不同的世界。一般而言，這些低級外省人大多出身貧苦。當年無非是為了謀生才充軍。她／他們，其實就是高級外省人在中國為捍衛蔣家政權及其集團利益時拉來墊背的砲灰。在對岸時，他們是蔣家腐敗統治與軍閥封建割據下的犧牲品；讓蔣軍半強迫拉來台灣之後，他們的生活也從未好到哪裡去。他們退伍後不可能有任何機會領到綠卡楓葉卡到美加當寓公，更難轉任到任何公家單位擔任「高級人」才能佔坐的職位。他們大多過著卑微的生活，卑微領用著所謂的榮民福利。

在大多數的年月裡，蔣政權還是繼續摧殘著他們的青春、剝奪著他們的血汗，完成東西橫貫公路、南北縱貫公路、曾文水庫、北迴鐵

路等一座又一座耗用低級外省人龐大又廉價的勞力和血跡、以生命堆疊築就的重大建設。如果少了從這些為數眾多的低級外省人身上榨取的剩餘勞動，國民黨的台灣奇蹟論大概也不可能如假似真地建構起來！

他們在軍中是讓高級軍官呼來喚去的低級小兵、士官，而在社會上，也往往缺乏足供延續再生產的文化資本，因此整個低級外省人的家族，也通常不太會有郭冠英之類的如椽健筆（或如李慶安之類的無礙辯才），能為自己或父母發聲，或勾勒出自己及父母輩的臉目、護守自己的權利，也遑論磨筆霍霍，殺聲震天地刺向攻訐者。

我們或許可以說，他／她們大多是類似斯德哥爾摩症候群（Stockholm Syndrome）的典型，但他們並未在群體的層次對不起這些高級外省男人／女人或高級本省女人／男人。

另一群低級外省人則是白色恐怖受害者及其家庭。她／他們或為無辜株連，或是蔣政權最敵視的左傾份子，但因缺乏本土社會關係網絡，因此也是蔣政權大肆殺戮時最無須顧忌、直接滅絕的一群人。他們若非已魂歸馬場町、六張犁，成為更為「低級」的流離孤魂，就是隱沒在台灣社會底層的角落，從此世世代代噤聲，直到一切過往都如煙遺忘消逝。

當高級外省人族群一邊舒服地踩在低級外省人頭上，一邊自鳴得意地數落著台巴子時，往往渾然不覺自己的高級感何以如此強大。可當高級本省人在廟堂之上痛心疾首，力陳低級本省人如何和低級異邦人苟合出大量低級台灣人時，兩廂如響斯應，真讓世人如實見識到階級社會裡高級人等之殘酷可恥可厭，原來早已超克台灣的族群、性別與藍綠藩籬了哩！

本圖引自《動物農莊》之喻意

07
郭冠英－我們的共業？！

作者： Shinichi　圖：小麻子

「郭冠英」與「范蘭欽」其實就是同一枚硬幣的兩面，這面領著台巴子稅金給付的薪水，那面則對著「台巴子」投以鄙夷的眼光。於是乎，「郭冠英事件」揭露了許多潛藏在台灣社會中化膿發霉的現象，但卻被刻意忽略的事實。

郭冠英的心態跟想法，某種程度可說是台灣社會的歷史共業，得集體承擔。日本殖民結束之後，中國國民黨落跑來台，接管日本撤回之後的權力真空。從此，「移入政權」（émigré regime）跟當地人民便展開了兩極化的歷史和生活經驗。

228之後，本地人用「狗去豬來」形容著外來者。用動物形象來蔑稱，乃是弱者無奈反抗的武器。對於當地人而言，日治時期的台灣人曾經作為日本人（參考荊子馨的《成為日本人：殖民地台灣與認同政治》，麥田，2006），戰後，國民黨為了教化這群「倭寇日奴」又要訓練他們成為中國人（參考黃英哲的《「去日本化再中國化」：戰後台灣文化重建》，麥田，2007），於是，台灣本地人的生活經驗、立場和身分，都只能不斷接受他人的「代言」。

對於隨著移入政權落腳台灣的「中國人」而言，「中國人」是他們的自然選項。對於中日之仇恨，也自然而然、或隱或彰地轉嫁為看輕跟壓抑「曾經成為日本人」的本地人（關於「曾經成為日本人」這群人的生命經驗，可參見平野久美子的《多桑的櫻花》，繆思，2008）。當初國民黨在台灣以省籍作為「社會區隔線」（social cleavage）的統治手法，不知遺留下多少今日所謂「省籍」的問題，而到了1970年代，當「自由中國」在現實上從國際排除消失之後，「本土化」便成了國民黨統治集團必然選擇的道路。

1980年代起，本土化在反對運動的推波助瀾之下，跟隨國民黨「移入政權」來台的中國人，一下子或明或暗地接收到大量「成爲台灣人」的訊息。在這不同歷史跟生活經驗中，使得以「選舉」爲表現的民主化台灣(electionalized democratization)，開始讓這塊土地上不同族群對於認同上的錯位跟爭拗，紛然浮出表面。

前一陣子，「中國時報」硬是把「中國豬，滾回去」這句「歧視語言」塞進游錫堃嘴裡，因而引發一陣媒體炒作風波。這個事件其實反應了「中國人」到「台灣人」身份轉換的焦慮跟不安（當然，引致不安的具體物質基礎，包括了政經資源的競爭在民主化之後更加激烈所致）。於是，任何風吹草動，皆可被這群處於焦慮狀態下的社群恣意放大。

然而，套句香港「巴士大叔」的名言：「你有壓力，我也有壓力啊！」台灣本地人從被教導成日本人到中國人，他們深藏的不安，其實並沒有在台灣形式上急速化的民主轉型過程中，得到抒解、理解和善待啊。因此，這群人內心長期的不被理解，就只能指向選舉並成爲所謂「泛綠」或「深綠」，來化解過去本地小民深深鑲嵌在心理頭的不安焦慮，並收束在簡單廉價的口號「台灣人出頭天」。

不管選舉結果如何，都不會真正實現「台灣人出頭天」。爲何小民需要想望「出頭天」來滿足呢？除了以「民進黨人的勝選」作爲出頭天的表現，是否還需要更深一層重新審視歷史和政經發展軌跡呢？這個問題其實一直沒有認真追索。

事實上，戰後台灣人被教導成爲「中國人」那一段過程，何嘗不是一段痛苦的歷史呢？！回到歷史，要把台灣人趕出去的，其實是掌握政權的國民黨啊。

「不愛國，就滾蛋」

話說，早年有一枚百年難得一見之絕品萬年立委黃玉明，愛國心從肛門直衝腦門，因而在立法院提出一個『不愛國，滾出去』的提案建議，並跟行政院質詢。

這由萬年絕品立委黃玉明、黃強、樓桐孫、張瑞妍、王大任、武誓彭、徐中齊、王夢雲、許紹勤、解文超、伍根華以及黃綿綿等12人的提案中，促請政府必須採取新措施，審查國人不愛國之思想言論，無論是附和奸匪、反對國策、破壞倫常，擾亂治安等，均**「命其帶同家產離開國境」**。

此一「不愛國，就滾蛋」的建議案，當中包含四大項，分述如下：

1. 要求政府透由國民大會在「動員戡亂時期臨時條款」加上一條，凡是附和奸匪、反對國策、破壞倫常，擾亂治安等，若任其發展足以毒化人心，見諸行動足以危害國家，而又不適用於感化條例處理者，不論其人屬於何種身份，基於道不同不相為謀之善意，命其帶同家產離開國境，免使其終犯罪刑連累親屬，國籍公權問題留待再議；

2. 基於全民信仰蔣經國總統的心理，請由經國總統手訂家教必讀課本，印發全民家戶。並訂每週同一時間電視台播出先總統空一格蔣公最重視的學庸道理；

3. 務求切實擴大里民大會之功能，為消防人民思想受毒主要措施；

4. 輔導擴大各宗教之佈道為消防民間思想傳毒之最大主流。

以上這四項，真是百年難得一見之曠世提案，處處充滿了黃立委之佛心來的。一些「外省」政客會炒作什麼台獨叫嚷著「中國豬，滾回去」，利用他們的恐懼心理綁架動員「外省杯杯」，把「外省

人」變成國民黨的選票禁臠。諷刺地，就上述第一項而言，操作「不愛國（民黨）者，滾出去」的剛好是中國國民黨啊。難怪，以前黨外都會指責老K乃是「乞丐，趕廟公」。

至於第二項，黃立委還要求家教必須有年度考績，績優者依法褒揚，鼓起爭譽家門之民風；希冀「堂堂正正的中國人」可以從「家教中」開始養成。黃立委的善心跟用心，令人感佩萬般。

第三項建議中，則建請行政院擴大里民大會，每月舉辦一次，規定里民必到，強逼人民接受良好教育。黃立委具有啓蒙懵懂草民的「公民意識」的遠見，為打造「公民社會」之圖謀，也真令人佩服。馬區長某次跟溪洲部落原住民說：「你既然來到我們的城市，就是我們的人，你既然來到台北，就是台北人，我把你當人看，我把你當市民看，要好好把你教育，提供機會給你，我覺得應該這樣子做，所以我覺得原住民的心態要從那個地方調整：我來到這個地方，我就要照這個地方的遊戲規則來玩。」黃立委玉明果真是咱馬區長的啓蒙老師啊？！

「不愛國，滾出去」所要對付規範的人，應是以台灣本地人居多，因為他們不是「移入政權」國民黨的一夥——不論在制度歧視上、語言上、文化慣習上以及心理距離上，皆是移入政權者眼中的「他者」。

這段歷史可供反省的是，不要輕易叫認同不同的人「滾蛋」，這是相當法西斯跟粗暴的行徑啊。然而，必須指出的是，戒嚴時期的「不愛國，就滾蛋」，跟當前的「太平洋沒嵌蓋」，依舊有程度上的落差。

首先，「戒嚴時期」的認同只能是單一選項，黃玉明的提案中要求這種認同必須透由「家教評鑑」，以及「強迫式里民大會」來統一每個人的思想和認同。但是當前卻有很大的自由，且隨著全球化的展開，移民也已經成為相當可能之選項了。

事實上，尊重台灣島上每一個人的自由選擇，並透過人民自決這種不完美的決策形成來達到共識，至少可以獲得當前不同認同的人所能接受的最大公約數。因此，以前阿扁的「太平洋沒嵌蓋」，就是來自於就地把台灣割讓給中國（中國統一）的反動。台獨可以不是國民黨跟馬區長的選項，但是，切記，千萬不要剝奪「台獨」作為別人選項的權力和權利，否則，這只是過去台灣人只能被教導成為日本人跟中國人的翻版啊。

你可以愛「統一」，但請不要剝奪別人愛「獨立」？

國民黨對「統一」的愛，可以大聲說出，可以去發動運動，鼓吹其價值，就像董氏基金會的「禁菸運動」一樣，在街頭疾呼叫大家來當「堂堂正正的中國人」。

「范蘭欽」用法西斯字眼要求解放軍血洗台灣的言論，繼續操持著過往戒嚴時期槍桿子威嚇下單一選項的認同選擇，我們卻真的只能送你「太平洋沒嵌蓋」自己游過去？！你要當中國人，我們樂觀其成，但不要強迫別人該選擇當哪裡人。

在海外有一些場合，當外國人問我們台灣跟中國文化的異同時，中國同學就時常搶著回答：「啊，都一樣」。我們內心只會充滿著去你的香蕉芭樂，我們都還沒表達意見，為何要由中國同學代答呢？！

高級外省人，「台巴子們」對你們真的不錯啊。對於你的族群歧視跟荒謬言語，還得善待，拿出「他者的關懷」去觀照到你可能的需要跟心理焦慮的起源，已經夠大愛的啦。只要比較一下，「台巴子」莊國榮只是因為講了「乾女兒變『幹』女兒」，以及用「娘」（sissy）跟「小孬孬」評論馬英九父子，就落得媒體公幹的下場，高級外省人郭冠英的待遇，已算是相當「高級」囉。

要是莊國榮把那句話改成「乾女兒變『睡』女兒」時，莊國榮還會

被公幹嗎？會的，只因為他是「台巴子」一族。真的想請，郭冠英
此一「高級外省人」，也嘗試去貼近理解台巴子走過的歷史跟生活
經驗下，所產生的內心焦慮吧，否則，我們只能送你「太平洋沒嵌
蓋」自己游過去？！

08
從郭冠英事件看「本省人原罪」

作者：打果泥　圖：打果泥

每年二二八前夕，觸及追討歷史正義問題時，一群掌握了媒、政、學界多數資源的人，就會講出「外省人沒有原罪」與「不要挑撥族群」的言論來反擊，而讓許多原本要浮出的理性討論，又縮回去成為台灣的政治禁忌。

外省人當然沒有原罪，國民黨犯下的罪行 與特定族裔無關，但這群黨國精英泡製出原罪說，適足以用來規避歷史責任清算。但必需承認，部份台灣人只要聽到「二二八」三個數字，馬上就會轉譯成「挑撥族 群」，這不僅讓二二八的歷史教育難以進行，更遑論追求二二八歷史正義。相對地，國民黨甚至可偷渡「外省人原罪」受害者角色到自己身上，從被追討政治責任的 加害者角色，迅速變成被「挑撥族群」的受害者。

「外省人原罪」概念的應用

因為這群人操弄「外省人原罪」與 「挑撥族群」概念「相當成功」，應用範圍也就漸漸擴大；比如，當民進黨籍市議員質疑有些眷村的垃圾袋政策不同於其他地方，郝龍斌可以完全跳過行政問題，馬 上斥責其「挑撥族群」；比如說，當郭冠英的言論引起外界撻伐時，郭的老闆蘇俊賓也可以回擊說：不要「挑撥族群」；明明譴責反人性言論、譴責種族清洗言論是 如此正當的一件事，但在該概念下，被抹上負面的色彩，連抓包郭冠英的管碧玲立委，居然都被描繪成「挑撥族群的政客」。

「外省人原罪」概念的衍生物：「本省人的原罪」

福佬族群由於有人口比例上的優勢，該血統的人即容易被國民黨指控為「挑撥族群」，但福佬族群除了人數多，在文化上、政治上都完全不具有相稱優位。但國民黨操作人多的威脅感，便足以將屬於「人少」的原住民、客家族群，跟外省族群綁在一起，不僅在論述上可掩飾外省族群長久以來的強勢地位，也模糊掉福佬族群從來就不是政治上與文化上強勢族群這個歷史事實。

面對族群議題的尷尬處境，福佬族群更有來自上、下二股力量的壓迫；上面是外省優位，下面是客家、原住民的弱勢。也就是說，即使福佬「本省人」並沒有真的形成一種強勢 （更不要說「沙文」），但相對於更弱勢的其他二族群，它連抱怨自己弱勢的正當性也被剝奪了，反而更是弱勢中的弱勢；台灣沒有福佬語電視台、福佬文化博物館，就是個證明。

國民黨黨國精英偷渡「弱勢族裔」、「外省人原罪」的形象到身上，並以假性受害者身份向外進行控訴性攻擊，不僅是對抗管碧玲，所有福佬族群的在野政治人物，若對二二八、眷村、榮民、18趴、軍公教、本土化的公共議題有所意見，「挑撥族群」的帽子會馬上飛過來；而且多數台灣人不會質疑這樣的帽子是否公平，因為這項標籤早就緊緊烙在這群人身上，洗都洗不掉。

在此概念的延伸下，還表現在語言使用 上，當馬英九努力講台語時，統媒會說：那是族群融合的努力；相對地，當陳水扁、謝長廷講「不標準」的國語時，便成為全民大悶鍋的梗；馬英九講中文、客家籍 的政治人物講客語，十足地理所當然，從未因而聽過有人抗議「國語沙文」、「客家沙文」；相對地，當民進黨政治人物在競選場合使用台語跟支持者搏感情時，經 常會招來「福佬沙文主義」的疑慮。

我們可以說，「外省人原罪」的概念， 是國民黨的金鐘罩，讓其

對欠下的政治責任得以逃之夭夭；而對於那些反對黨福佬籍「本省人」，不論其原本的訴求有多正當，一看到國民黨丟出「挑撥族群」這要命的緊箍咒，就得馬上噤聲，這才是真實存在的血統分類原罪：「本省人原罪」。

族群不融合的禍首

想一想，為什麼郭冠英早被免職了，許多人不僅怒氣未消，反而越來越氣？正因為蘇俊賓莫名其妙地要大家「不要挑撥族群」，也正因為馬英九說：「不認同少數政治人物利用此事來挑撥族群。」更因為統媒說，這事再炒下去就是「挑撥族群」。

聚焦於郭冠英反人性、反民主的言論並加以譴責有那麼困難嗎？追討二二八屠殺的真兇有什麼不對嗎？對於這些不涉族群的訴求，硬要貼上「挑撥族群」的標籤，合理嗎？

非只是針對郭冠英，這種怒氣是長期以來，正當訴求一直被抹黑為「挑撥族群」所累積所致。許多人受統媒影響，深信民進黨「挑撥族群」，而國民黨的馬英九才能促成族群融合；但筆者要說的是：正是國民黨以及統媒這種長期抹黑的陰狠招數，對二個族裔都予以原罪化，才是族群不融合的禍首。

09
誰在挑撥「族群」？
誰在消費「階級」？

作者：Shinichi

在郭冠英（GGY）事件之中，郭冠英的「政治出櫃」並且不加修飾地表明其政治心志跟立場，宛如真小人的郭氏，鐵定成了虛偽馬英九政府的燙手山芋。

基於此，新聞局抬出虎頭鍘伺候郭冠英，而給予兩大過免職處分，高級外省人區長馬英九，也終於不情願地出面指責GGY的言論太過偏激跟歧視。然而，可預期的，以這高級外省馬區長，也免不了會指桑罵槐地指責政客藉GGY事件來「挑撥族群」。馬英九的虛偽跟不誠懇個性，由此表露無遺：高級外省人可以口出歧視，但低級人種一批評就成了挑撥族群。

同時，GGY事件刺痛了族群緊張的敏感神經，基於此，許多貌似進步的文字人又開始倡言所謂「外省人」中也有底層，底層外省人跟底層台灣人在階級立場上是一致，因此他們之間根本沒有族群對立或彼此敵視云云。壯哉斯言！然而我們必須指出，在過去既有的不平等基礎之上，「低級外省」跟「低級台巴子」並不會自動以「階級處境」作為認同跟凝結的基礎。

事實上，不論是馬英九那種永遠不會錯，一旦被抓到小辮子便「見笑轉生氣」的指桑罵槐，抑或是抬出貌似進步的階級立場，嘗試轉移GGY風暴的焦點，根本都是縱容「族群挑撥」的一群既得利益者。

「轉型公平」而非「轉型正義」？

族群的分化的得利者的是國民黨，更細緻地說，「外省權貴」是收割族群分化的最大得利者。「外省權貴」不僅可以利用「族群分化」對人民進行分而治之，在他們為那些發出「族群不平等者」扣上一頂「挑撥族群」的大帽子之後，還能令他人失去發言的正當性。於是，「外省」永遠都會成為「外省權貴」的專屬玩物。

國民黨落跑到台灣之後，建構一套「戰時體制」，並在具體的物質基礎上跟意識型態上，不斷操作族群間的分化跟分殊。就物質基礎而言，就學、就醫、就業、就養、居住與從政等等項目都在在操作出本省和外省的區隔。意識型態方面，則是從教育、文化、媒體等工具，甚至連各個黨部這種擬似列寧政黨的基層細胞，在運作上都強化了所謂「本省、外省」的分殊。

從「鐵票誰最鐵」，即可看出到底有沒有族群分化。例如，以高雄而言，當高雄市長藍綠票數差距不大之時，只要是北區左營尚未開出，那麼，有相當大的機會，藍的候選人一定會勝選。這些生活的經驗，在在都是族群有分殊、並以地域為表現的鐵證。

國民黨建構了一套以地域、職業等等區隔，在台灣民主轉型的過程中，這套作為族群分殊表現的統治手法時，也繼續封存到民主化之後的時代。由於台灣民主轉型是在李登輝擔綱國民黨主席的任上大力展開，因此，台灣民主化過程中欠缺「轉型正義」（transitional justice）而只有「轉型公平」（transitional fairness），也就是說，對於過去的不平等基礎，只有引進類似「市場化」手段作為改革主要手法。

台灣作為轉型國家，在解嚴之後李登輝或為了權力鞏固之需、或忙著內鬥，抑或是權力滋味不可檔，姑不論甚麼原因，李氏自是不可能自宮、自我清算國民黨威權時期利用國家機器對人民跟社會造成的惡孽遺產。因此，台灣在轉型過程中，所有過去威權國家機器的

惡質篇章幾乎被輕輕帶過，頂多在口頭上被拿來藍綠政客當操作工具，對於過去累積在社會的種種因果進行政治清理。這也使得台灣在台灣民主轉型過程中，少了「轉型正義」的政治清理並據此建立一套社會規範。

那麼台灣怎麼轉型的呢？台灣的轉型是「轉型公平」，美其名為民主化，實際上是讓過去所有被一黨壟斷的各項產業，進行市場化競爭，使反對黨人使士可以分一杯羹。

具體而言，「國會全面改選」，意味著民進黨或者其他黨派人士想掙脫國民黨的壟斷狀態，進入這個「選舉市場」的遊戲中。就是這個緣故，民進黨在任時最在意的「轉型正義」便聚焦在「黨產」身上，因為這是造成選舉時灑錢能力落差的元兇。但這著眼的並不是正義（Justice），而是公平（Fairness）。換言之，國民黨的黨產讓民進黨在競選過程中，屢屢處於立足點的不平等而輸掉選舉。

因此，在「選舉萬歲」成為台灣民主化道路的體制確立之後，民進黨反而不認為以政治手段跟過程進行「轉型正義」這項「國家工程」（state project）有啥重要性。民進黨愈加嫻熟與熱衷著魔於選舉遊戲中，因而，其所關注的議題遂限縮在會造成選舉不公平的「轉型公平」問題上。

試問，人二室沒了嗎？警總消失了嗎？黨、政、軍、警、特本就是國民黨控制社會的手段，怎麼解嚴之後幾乎不用處理，一夕之間就恢復作為國家執法機構的中立角色了呢？妓女會在一覺醒來就自動成了聖女貞德了嗎？抓扒仔「人二」一覺醒來成為「政風」，「警總」在翌日掛牌成為海巡單位，這樣人民被監控、被算計的恐懼會消失、會安心嗎？這樣人民服嗎？這是台灣人民心中無法真正告別過去威權幽靈的恐懼根源啊！

類似的，國民黨威權時期控管、御用的媒體，沒有進行政治處理，

反倒是民進黨利用過去草根的地下電台，跟黨國媒體衝鋒陷陣撐出來的相對進步言論空間，逼迫國民黨鬆綁媒體管制，並在新聞媒體頻道資源開放過程中分到一杯羹。他們以為這種媒體市場化、自由化便能淘汰過去惡質御用媒體。

畢竟，這種利用媒體頻道自由化跟市場化的改革方式，讓前威權政府化妝師的媒體人及媒體，大量滲透到新的商業媒體中。過去擔任政府打手的媒體跟媒體人，一夕之間變身為具有新聞自由而得以跟監督政府的第四權。於是，過去對這些媒體及媒體人的不信任，變成了只能用「統媒」、「妓者」來宣洩百姓內心中對這些媒體的不信任。台灣的司法又何嘗不是如此呢？今天，人民對媒體和司法的信任度低到無以復加，原本應該是社會公器、社會仲裁的機制，在台灣卻無法獲得信任。

儘管，國民黨黨主席李登輝手上「寧靜革命」式的民主轉型，的確讓政府機構在治理上，多了一份延續性帶來的穩定。但是，當前台灣種種社會的亂象，某種程度，卻可歸咎於台灣在轉型過程中，採取了此種廉價的市場概念的「轉型公平」，而非政治工程的「轉型正義」，進行對過去威權遺產的重新滌清並進行再造時，早已埋下。媒體、文官、司法…整種原本應該是可昭公信的制度團體，目前幾乎是「信者恆信，不信者打死也不信」。

這一系列稱之為「民主轉型」的制度更動，在某個意義下，根本只是「市場開放」的同義詞。有一說法指出，歐洲福利國家跟美國自由資本主義的差別，乃在於美國作為移民國家，剷除了印第安人之後，並沒有過去歷史遺留的不公平基礎。因此，美國在意的是「公平」（fairness）原則，亦即，市場競爭跟市場進入（market access）的公平遊戲規則。反觀，歐洲的資本主義是建立在過去不平等的封建基礎上，因此，歐洲社會承認既有天生的不平等，並在不平等的前提上建構事後的差補措施，也就是社會福利。藉著社會福利，落實所謂的「正義」。

回到郭冠英事件本身，「族群分化跟不平等」的實情既是國民黨統治台灣的歷史，並在寧靜革命過程中遺留下來，那麼引進美式的「公平」（遊戲規則跟市場競爭與市場進入），根本無法解決既有的族群不平等和分化。職是之故，期待「低級外省人」跟「低級台巴子」會自動以階級處境為凝聚的認同基礎，根本是以道德語言包裝的假道學。這種談法只是聲東擊西的手段之一，讓GGY風暴用一種看似進步的語言來轉移焦點，而讓族群分化的歷史土壤繼續封存。

族群分化的預算政治學？！「階級」之不可能

當年，中國國民黨為了配合美國對軍事預算降低的要求，開始把軍事預算隱藏在各部會之中。例如，軍訓教官預算編列在教育部底下、隸屬於國防部總政戰部主管的軍友社，一開始成立經費來自早年屠宰公會的屠宰捐，接著在進出口公會進行進出口結匯時附加勞軍捐，後來又將預算歸在內政部的役政司。而眷村經費三筆來源中的一筆，則是鄉政公所的預算編列，以及縣市政府的直接補助等等。至於相關社會福利相關支出，在1991年度的350億7928萬2000元的總支出之中，退輔會即佔了212億6119萬2000元之譜。以上這些服務對象，不諱言的，都以所謂「外省」者居多。

台灣承襲著國民黨過去用動員戡亂打造出的戰時體制，即使歷經民主轉型過程，卻依舊保有著以過去「特殊身份別」的預算編列方式。即使到了2007年，退輔會預算1360億、眷改特別預算1.5兆，但同時期的勞委會卻只有650億、農委會950億之鉅額落差存在。

以上這種農委會、勞委會以及退輔會和眷改預算的對比，當中未曾言明的則是，農委會跟勞委會等單位的業務以「本省人」為大宗，退輔會跟眷改預算則是以「外省人」為主要受惠對象，不論，這種省籍對比是否真確。同時，儘管許許多多街頭上打拼的「老芋仔」並沒有得到這些預算獲得太多好處而依舊處於赤貧；但是，只要這

種立基於過去「特殊身份別」為預算編列對象的實情不曾更改，則族群間的「相對剝奪感」以及「眼紅心態」就一定會存在，並且以爆發省籍跟族群不平等為表現。

是故，呼籲「低級台巴子」跟「低級外省人」以相同階級處境團結凝聚一塊，首先必須解決過去歷史遺留下「特殊身份別」的預算編列，並且化解以此為表現的族群分化手段，進而讓這群人以一種「新的身份」出現，並落實在預算編列上。例如，眷村改建跟勞工住宅的預算，如何重新排列組合，然後以國宅的面目統一出現，並且讓每位國民享有公平可及性，或許是一個可以思考的方向。

因此，台灣過去的「族群分化的歷史」，已經深深鑲嵌在台灣的社會土壤之中。倘若沒有進入清理，並重構出一種以新身份（例如勞工、性別跟性傾向或者其他新身份）為表現的預算，那麼族群對立跟分化的土壤就永遠無法藉由消解，而這滋生「族群對立」的土壤，正是國民黨刻意鋪埋的。於是，只要稍有一點風吹草動或添油加醋，就會輕易滋生族群對立的雜草。滋生這些雜草的推手，就是馬英九統治集團這些可以從中得利的「外省權貴」。

那是誰在挑弄族群－外省權貴統治集團馬英九們！

廉價地以階級立場為進步說詞，並指稱「低級台巴子」跟「低級外省人」必須要以階級處境為凝聚團結者，其捍衛跟在意的不是真正的「階級團結」，而是過去深深鑲嵌在台灣歷史中此種以「族群」作為統治分化的手段。他們只是阻擋別人去深掘這樣的土壤、化驗這片土壤的土質，並妨礙他人按照這樣的土質去施作一個會真正開花的「階級團結」的可能。

誠如，E.P. Thompson所言，階級是一種歷史現象，也是一種關係，那麼躍入歷史，並鑑別出「外省權貴」鋪埋的歷史土壤，即是往「階級團結」方向邁去的第一步、也是必須踏出的一步！！

這麼看來，GGY事件風波，或者GGY的暴走，也就無預期地戳破了馬英九受惠於族群分化歷史的這件國王新衣？！

10
GGY詮釋學：
「高級外省人」的多義性

作者：黃河之水

詮釋學是從作者、文本、讀者三方的各自定位與關係釐清以討論理解與意義的學問。本文嘗試以詮釋學分析GGY現象：郭冠英是作者，其文章是文本，台灣各界閱聽人是讀者；故名之為GGY詮釋學。

2009年3月1日媒體工作者曾韋禎首先於個人部落格發表〈范蘭欽就是郭冠英〉一文後，郭冠英雖然否認，但對於2006年8月2日在中時副刊具名發表的〈繞不出來的圓環〉無從抵賴。他以作者的身份告訴讀者說：「高級外省人一語是調侃式的」。筆者不反對作者有詮釋作品的權力，但是不應具有權威與優位性。文本問世後即脫離作者掌控，作者的角色如同其他讀者，只能就自己與文本的對話展開理解。不論郭冠英創作時是什麼意圖，也不論他在媒體前回憶該文時的心態，面對已完成的文本，他只能以讀者的身份進行詮釋。德國詮釋學家Gadamer（1900-2002）認為，理解是文本與讀者的視域融合，隨著讀者歷史性（即前理解）的殊異，差異而多元的詮釋於焉可能。所以郭冠英可以讀者的身份說明：「這句話是調侃」；其他的讀者，也有權力堅持自己的理解：「這句話是歧視」。

經歷過國民黨統治時期因血親、省籍與黨籍而造成在求學、工作、福利……許多方面階級不平等的讀者，讀到郭冠英由本省伯伯帶他去圓環吃蚵仔煎時，一句「我們是高級的外省人哦」，自然能理解作者對台灣人事物的歧視，也就是GGY情節：「殖民背景下的移民

者，在遷徙至異鄉，不願或產生融入當地生活的障礙，以不斷地追憶原有國族鄉愁，作為內在人格的投射，然後自以為高級，並歧視其遷居地的人、事物及文化。」[1]

對於意識到台灣社會的階級問題者，即使不曾體驗國民黨治下赤裸裸的不平等，但對於「高級外省人」之語，由前後文脈絡，也能警覺到這段文字嚴重的階級觀念，意識到某群人的GGY情結，並基於公義與理想鳴鼓而攻之！

還有一群自稱理性中立對政治冷感不信賴實則被主流媒體、社會氛圍牽著鼻子走的淺薄之徒，不只波瀾不驚地接受高級外省人自白，還會附和國民黨的言論：「不要趁機挑撥族群！」對他們而言，「高級外省人」一語，可視為中性的俏皮話，嚴肅討論歷史、階級、公義問題，太過沈重。

同時可以合理推論，那些具有大GGY情結者，如「把你們當人看」的馬英九、攻訐「台灣是國際雜種」的郭冠英，當他們讀到高級外省人由本省老伯帶去吃蚵仔煎時，想必是會心一笑，充分理解字裡行間所透露的階級優越感。即使是調侃，也是一種「舊時王謝堂前燕，飛入尋常百姓家」的自嘲！這才是郭冠英對這句話的詮釋！

至於國民黨的官方言論，可謂三分譴責、七分扣帽。我們看不到國民黨因郭冠英這把火而反思歷史與現況的荒謬，國民黨長期扭曲中國與台灣各自的價值，包括血統與文化方面，對中國人與中國文化造神，對台灣人與台灣文化污衊，並捏造二者的親緣與繼承關係，這些毒素至今仍可見諸台灣各層面。國民黨因政治計算，對郭冠英的文章爽則爽矣，但也氣這個楞呆不懂該黨傳統的政治與宮廷語

【註解】

[1] Ideolotopia〈「郭冠英事件」之GGY情結〉

言，避免失分過大，只好砍了！砍郭冠英事小，避免傷筋動骨、為敵所趁事大；檢視國民黨對郭冠英文章的讀後感，與其說是批判該文挑撥族群，不如說是國民黨趁機挑撥族群！郭冠英只是充滿階級優越感地歧視台灣人，國民黨卻是害怕台灣人意識到的GGY情結，所以帽子先扣下來：「疾力聲討郭冠英者，必是對外省族群有敵意的政治操作！」國民黨有沒有讀懂郭冠英的「高級外省人」？有！就是太了解了，所以為了保障利益而說了一堆文不對題的讀後感。對國民黨而言，「高級外省人」一語是自我優越感的告白，錯在說話的藝術，而不是這句話的意義。

一個「高級外省人」各自表述，我們毋須論斷那種理解才是正確的詮釋。分析各種理解背後的前理解因素，是對抗國民黨操弄輿論的

11
「鬼島」上的瑕疵聖域－
GGY情結下的眷村

作者：warehouse

眷村作為鬼島上的聖域

如同「范藍欽」這個詞，「鬼島」也是個了不起的概念。藉由這個概念，我們可以重新理解1949年後台灣許多特殊空間現象，特別是「眷村」。當我們以「鬼」來指涉某個對象時，往往意味著這個對象是邪惡、不潔且屬於「他者」的，對於某些人來說，佔據台灣五十年的日本鬼子，不但以其邪惡與不潔污染了這個島嶼，將這個島變為鬼島，更污染了這五十年間於台灣生活的島民，將這些島民由中國人變為「他者」。相對於這些被視為「他者」的島民，那些1949年後由中國移民至台灣的中國人，則是神聖與潔淨的「我們」。

從鬼島這個概念出發，眷村則代表了一個了不起的意義－「鬼島上的聖域」。由於鬼島上的「他者」具備高度傳染性，為了保護「我們」，必須用圍籬圈出一塊塊神聖與潔淨的居住領域，以作為「我們」的居所，並將所有邪惡與不潔隔離於圍籬之外。只是，若將眷村視為某種尺度的人類居住領域，並以人類居住領域應有的空間結構檢視之，即可發現眷村似乎是個具有缺陷的居住領域。

人類住居領域的三種空間結構

一般而言，傳統的人類居住領域通常會包含三種空間結構。第一種是「我們與他者的界定」，代表了社會性的空間區隔；第二種是「神聖至非神聖的層次」，代表了宗教性的空間次序；第三種則是

「領域中心」，強調領域內的中心爲整體空間秩序的基準。以上這三種空間結構的存在乃基於人類對於空間的「意識建構」（mental construction）以及「物質建構」（material construction），並可從各種尺度的人類居住領域觀察到，如小型尺度的住家、中型尺度的村鎮聚落、以及大型尺度的國家。

依照前述的眷村空間特質，確實呈現了這三種空間結構的前兩種。以第一種結構來看，眷村的圍籬的確隔開了「我們」與「他者」。再以第二種結構來看，圍籬內部屬於神聖區域，外部則是非神聖區域。然而，以第三種結構「領域的中心」觀之，我們卻不得不問，眷村的「中心」在哪裡？眷村有「中心」嗎？

意識建構與物質建構的中心

所有的人類傳統居住領域都會有一個「意識」與「物質」共同建構出來的中心，傳統來說，在小型的住家尺度可能是神龕或壁爐，在中型的村鎮聚落尺度可能是教堂、宗祠或廟宇，在大型的國家尺度則可能是首都。教堂、宗祠或廟宇作爲中型居住領域的中心，最原始的意義是往往宗教性的，象徵著該領域最神聖的場所，其餘次要神聖或世俗性建築則會以這個中心爲基準點向外擴張建立。在傳統的中型居住領域裡，意識與物質建構出來的中心往往是高度吻合的，每個人所認知到的中心也往往是同一個場所或是同一個建築物。

這個中心並非僅是一個點，而往往是強調垂直軸向的建築物，呈現了所謂「世界軸」（axis mundi）的特徵，標定出天空與大地的連結。唯有當中心明確存在，聚落居民對該領域才有安定感與歸屬感，他們在該領域內的生活才不會失去方向。在聚落內生活，所有的活動，無論是宗教性或世俗性的，通常都會依附在這個中心的周圍，因此這個中心會再賦予社會、政治與經濟上的意義，並成爲空間內各種秩序的基準點。如果少了這個中心，空間內的秩序甚至前面兩種空間結構，都將變得脆弱不堪，這個聚落也將成爲有瑕疵的聚落。

眷村的瑕疵中心

台灣大部分的居住環境裡，無論是村落或城市，這種傳統的中心仍是人們居住領域中可明顯感受到的秩序基準點。一個小村落通常只有一個中心，較大型的城鎮或許會有數個中心，依附每個中心則構成一個中型的居住領域，如台灣傳統城市裡的「廟境」，如此的空間型態在台灣的1950年代仍清晰可見。然而，同樣在1950年代，台灣急速出現的眷村，卻明顯缺乏這種中心。眷村既然叫做「村」，當然屬於一個中型尺度的居住領域，可是眷村裡面找不到類似教堂、宗祠或廟宇等等空間元素。有趣的是，即便沒有這樣的中心，眷村確有「我們與他者的界定」以及「神聖至非神聖的層次」兩種空間結構。

或許眷村沒有這種傳統居住領域以宗教場所與建築所代表的中心，然而眷村確有著「升旗台」等等空間元素。某種程度上來看，這樣的空間元素確實可以視為中心，然而，這個中心是有缺陷的，因為它並不是由眷村居民在長時間分享共同的宗教、社會、土地、文化與血緣所建構出來的中心，而是個由上而下為了統治目的所建構出來的中心。就傳統居住領域來說，中心擁有宗教、社會、政治與經濟的意義，更是人們情感所依附的地方。然而就眷村來說，升旗台或許是某種空間秩序與政治秩序的基準點外，它卻無法呈現在宗教、社會與經濟上的的完整意義，更者，眷村的居民會將其對於土地的情感依附在這座升旗台上嗎？

以這樣的標準來看，眷村似乎是沒有中心的，就算有中心，也是個瑕疵的中心。雖然我們不應太過苛責眷村的空間結構，畢竟它只是個安置離鄉背井軍眷的居住領域，然而我們可以參考另外兩種類似尺度的居住領域。第一個是猶太人在離散歷史中所居住的猶太人隔離區（ghetto），無論這樣的猶太人區是如何形成的（主動或被動），區內至少會有一座猶太人會堂（synagogue）作為領域的中心。第二個例子是古羅馬帝國在國土邊境普遍設置的軍營（castra），雖然居住成員以軍人為主，但這樣的軍營仍有一個明確

的中心：神廟與指揮所。由於猶太人區與羅馬軍營都有一個明確的中心作為空間基準點，因此這些離鄉背井居民仍然可在他們的領域中感受到安定感，降低其焦慮不安的情緒。

雖然在1980年代後，台灣在劇烈的社會與居住環境的變遷下，許多人由傳統的居住領域遷移至大都會居住，並因此無法再感受到傳統領域中心所帶給他們的安定感，只是，對於在1950年代起即於眷村居住的人來說，這種「中心失落」的現象提早了30年以上。由於中心的瑕疵性，相對於1950年代的傳統聚落，眷村只能算是個不完整的居住領域，其甚至不能稱作「村」；雖然某些具有高度GGY情結的人會將之視為聖域，但其也只能算是個瑕疵的聖域。眷村的空間結構是怪異的，因為它有完整的邊界，區隔出「內」（神聖的我們）與「外」（非神聖的他者），然而卻沒有完整意義的中心。這些背負著反共復國大業、離鄉背井來到台灣的軍人與軍眷，國民黨政府卻僅提供他們一個有缺陷的居住空間。

中心的移轉

即便如此，人類對於中心的渴望是無法消除的。既然「物質建構」的空間內找不到明確的中心，人們必定會從「意識建構」的空間中試圖尋找中心。藉由空間的意識建構，有不少眷村居民成功跨越了界定眷村內外的藩籬。他們不再將眷村視為一個完整、封閉的居住領域，並將對中心的渴望投射到鄰近既存聚落的中心。這意味著這些他們不再將台灣視為邪惡的鬼島，也不再將眷村圍籬外的人們視為「非神聖」的「他者」。而無論這個中心是一座廟宇、一座教堂或是其他類型的空間元素，眷村內的人們已可以開始和眷村外的人們共享一個中心、共享這個中心周邊的所有活動、共享這個中心所衍生出來的各種秩序。也因此，這些離鄉背井的眷村居民便從土地得到安定感，而非鬼島帶給他們的焦慮與恐懼。

然而，這樣的傳統中心對於某些具有高度GGY情結的眷村居民是無法接受的。有趣的是，這樣的眷村居民在尋找中心的過程中，他們

在空間的「意識建構」上巧妙地將居住領域的尺度改變了;他們放棄尋找中型居住領域的中心,卻轉而將中心的渴望投射到大型居住領域的中心,這個中心也就是作為「戰時首都」的台北。台北作為台灣政治、經濟與文化的基準點,將居住領域的中心投射到台北是可以理解的,而當眷村的居民將台北視為中心時,則更再現了原始的宗教意義;當三民主義成為一種信仰,而實踐三民主義成為這種信仰的終極關懷時,台北的總統府自然成為三民主義信仰的聖殿,台北也就理所當然地成為了中心。

台北作為全島尺度的中心

以全島的尺度來看,自日治時期開始,由於政治經濟結構的變化,台北城確實已逐漸成為全部島民的中心,日本人也確實在台北城建造了具有「世界軸」垂直形式特徵的台灣總督府,也就是今日的總統府。荒謬的是,當中華聖民趕走了日本鬼子後,卻無法摧毀日本鬼子所建造的中心世界軸,甚至繼承這個中心世界軸,這對擁有GGY情結的人是何等不堪啊!蔣介石的過世讓這樣的窘境得到抒解,因為國民黨政府自此可以名正言順地在首都核心區另立一座更高、更大的中心世界軸,也就是中正紀念堂!

對於一般民眾來說,各種尺度之居住領域的中心是可以並存的,它們之間不會相互取代或發生衝突;在不同層次的空間意識建構上,這些不同尺度的中心都相當重要。這也是為何從台灣中南部移居至台北都會區的人們來說,在某種程度上,他們會認為自己是「出外人」。雖然他們已經在台北置產購屋定居一、二十年了,他們仍無法完全忘卻家鄉中心所帶給他們的記憶與感受,也因此逢年過節,回鄉參與傳統中心的節慶活動仍是他們生命中不斷循環的儀式,這樣的經驗卻很難在由中南部眷村移居至台北的人們的身上發現。

台北崇拜情結

而對於某些擁有GGY情結的眷村居民來說,由於缺少中型居住領域

之中心的完整經驗，他們對於大型居住領域的中心將會產生更強烈
的感受。這或許可以解釋擁有高度GGY情結的人，往往也是擁有高
度「台北崇拜」情結的人。王偉忠就曾提到：「你知道南部眷村小
孩子到台北來打天下，其實是很難的事情，大部分都還是窩在眷村
裡面……南部眷村小孩一定會有自卑感……你看我的自卑感多強烈
啊！」（《偉忠姊姊的眷村菜》P. 29）

王偉忠這段話呈現了一種遠離中心時的自卑，以及挺進中心後的自
負。這樣的怪異情結對於許多中、南部人們來說，簡直是匪夷所
思。荒謬的是，當這些擁有高度GGY情結的人脫離眷村圍籬並成
功達陣台北之後，他們卻希望能夠繼續維持那些曾經圍困他們的眷
村圍籬。1996年「老舊眷村改建條例」通過實施後，意味著那些區
隔「我們/他者」以及「神聖/非神聖」的圍籬即將消失，也意味著
所有在台灣這塊土地上的人都可從此毫無束縛地自由選擇他們的中
心。然而，當眷村消除後，對於擁有GGY情結的人，無論就「意識
建構」或就「實質建構」來說，台北作為中心的權威性勢必減弱。
因此，近來王偉忠等人不斷推動各種眷村懷舊主題的電影、電視節
目舞台劇與書籍，這已不再僅是消費眷村文化而已，而是企圖藉由
這些文化手段，讓眷村的圍籬能夠繼續存在於意識建構的層次當
中，讓台北繼續成為中心，並延續那些成功挺進台北之GGY的光
環。

前面曾經提到，無論是「我們與他者間的界定」、「神聖至非神聖
的層次」或「領域中心」等等空間結構，都必須同時基於「意識建
構」與「物質建構」。若意識建構出的中心缺乏物質建構的基礎
時，這個中心是不可能穩定的。既然眷村的GGY居民能夠藉由意
識建構，將對中心的渴望投射到眷村以外的台北，台灣這塊土地上
的GGY人民也非常有可能藉由意識建構，再次將對中心的渴望投射
到台灣以外的地方，而這些地方恐怕就是GGY情結下的北京或上海
了！

第三章

GGY的「萌」

01
導言：「郭冠英」現象的背後

自詡為「高級外省人」的郭冠英，能夠如此自我感覺良好，除了與特定族群和階級出身有著高度相關之外，「郭冠英」事件或現象，其實也或隱或顯地指向了台灣社會當下的種種病徵。

這些病徵，不僅沒有在台灣民主化轉型過程中得到解決，卻離奇頑強地伏貼著台灣民主轉型而繼續轉進存活，並深刻地影響台灣當前政治的走向。如果，我們對「郭冠英現象」背後引發的各種政經、社會和文化病灶息焉不察、輕輕放過，或者僅僅聚焦在「郭冠英」一人身上，那麼，「郭冠英」暴走的歧視性文字和言論，所能給予台灣社會當前病灶的警醒和提點的機會，就可能這麼流失了，這會是相當可惜的一件事。

「郭冠英」現象背後所隱含的是，長期懸浮於台灣社會中的認同爭拗，以及專業文官、政治中立在政黨輪替下如何可能；此外，言論自由和政治界線的尺度拿捏、台灣民主轉型過程中威權統治遺產的延續或斷裂，還有台灣身處中美日國際地緣政治下的處境的難堪和擺盪等等棘手議題，都在「郭冠英」現象的裂口中併發出來。

儘管本章文字能處理、涵蓋的面向尚有許多闕漏之處，但「郭冠英現象」背後揭露的林林總總的議題，其實又可指向台灣此刻正處於十字路口的的徬徨和焦慮。這些焦慮徬徨，隨著對岸中國的崛起、經濟全球化與市場一體化等等，進一步擴大跟蔓延。因此，大體而言，「郭冠英現象」是台灣未來走向的焦慮反應。

雖然以一本書之篇幅、寥寥數萬文字，並無法為台灣的未來，具

體指出一個方向；但本書作者群認為，在台灣未來方向的焦慮解消之前，或許我們可以先行自我診斷，自己身上究竟殘留了哪些威權歷史下的遺跡跟遺產，而這些殘跡是如何隱隱牽動著台灣島上的每一個人民。基於此，「郭冠英現象」可以進一步凝結成本書稱之為「GGY」（ㄐㄧㄐㄧㄨㄞ）的概念，以作為社會分析和自我診斷的概念工具。此一概念，乃是借用「郭冠英」三個字的漢語拼音—Guo Guan-Ying—並取其頭位字母而成。因此本章乃是透過「GGY」這個抽象概念，來理解過去遺留的病徵和當前新生的問題。

只有先對自身進行診斷，才能有更健全的人格與信念，理性面對正杵在十字路口的台灣帶給每一個人民的焦慮和徬徨！

02
郭冠英+盧嘉辰：
政治鬼打牆在台灣？！

作者：Shinichi

古有盧生在邯鄲客棧，黃粱一夢幾十年，夢中娶妻生子，門第顯赫，兒孫滿堂，八十而卒。詎料一覺醒來，恍然驚悟客棧鍋中黃粱尚未煮熟。如今，台灣兩枚經典極品：一個高級外省、一個本省台巴子，一個位居中央、一個從地方出身，讓人恍然驚覺，原來台灣所謂的民主，與黃粱一夢中盧生甦醒後的驚覺，也不過一步之遙啊！

國民黨統治在台灣

過去中國國民黨基本上就是以這種二元架構在統治台灣。地方是用經濟利益交換政治忠誠的侍從主義；至於中央，則是從「反攻復國」起始所建構出的「戰時體制」來進行威權統治。地方給予選舉，地方人頭則是當中要角，但地方出線者最高只能進入省議會。他們往往都是利用「地方派系」進行輪替或政治分贓，而地方激烈競爭的結果，每每是找中央介入仲裁。於是，這種運作模式便確認了中央的至高權威，同時也不斷鞏固所謂「台灣人放尿攪沙袂做夥」的說法。

至於中央，則是以戰時體制下的大中國法統代理，他們自稱為「自由中國」的代理人，並且彷彿全世界的華人（中國人）都對這個母國嚮往不已。於是，法統下的中央萬年國會，就此拔尖矗立。

後來台灣國際地位不保，退出聯合國、中美斷交，於是開始出現本

土化的動作，徵召一些本土人士進入中央政府體制以妝點門面。從黨外運動開始，到李登輝主掌政權、國會全面改選、地方勢力逐漸進入中央，本土勢力自此才得以跟過去黨國意識型態的繼承者鬥爭。

故事繼續發展下去，就連結到從趙少康的新國會連線到新黨成立，以及主流和非主流的鬥爭。同時，李登輝為了政權鞏固，更讓「黑金政治」細胞大肆蔓延，入侵了中央層級的國會，以及外省權貴牢牢掌控的黨機器。這並不是說，「黑金」乃是李登輝時代首創，而是李登輝在民主化過程中，以選舉作為政權鞏固的手段，連帶的影響就是「黑金」勢力透過選舉而越發張狂。

從地方角頭晉升中央的黑道「權錢交易」，相對之下是比較赤裸的，也是單純以權錢交易的算計邏輯，這跟外省掛的「幫派」還會受到「愛國主義」的驅使，有些不同，畢竟外省掛的幫派還會在意「師出之名」呢。屏東議長槍殺案，則是台灣政治轉型過程中，最赤裸血腥的個案呈現。因此，同樣都是黑道中人，保護郭冠英的張安樂，跟前一陣子為了張銘清在台灣跌一跤而出頭的大哥黃如意，兩者的師出之名差異就相當大。

缺乏深度的民主化

在國民黨這種統治脈絡下，頭腦簡單的民進黨主打兩張牌：第一張強調「台灣主體性」或者「台灣人出頭天」，抑或更激進的「台灣獨立建國」口號，以區別國民黨的終極統一。第二張則是打擊「黑金」政權。分別來看，第一張牌砲轟的是國民黨意識型態的法統與道統基礎，第二張牌則是打擊國民黨地方選票基礎。

這兩張牌讓民進黨在地方縣市上屢屢大有斬獲，靠著選舉累積、捲動各項資源，策馬入百里侯寶座後，他們對於地方統治結構的更動其實不多。他們清楚知道，地方選舉必須有這些地方頭人帶槍投靠，於是這種在地的統治結構於民進黨主政時期，並未產生太多轉

變，依舊是政府釋出資源以交換政治忠誠。這就是我們時常聽到的
「收編」。當然，不可諱言，除了派系這種前現代的社群，許多新
興的非政府或非營利組織，也在仰賴地方政府釋出資源，玩起收編
的遊戲。

不過，國民黨除了擁有政府資源之外，還有「黨資源」可以動用，
因此，對於地方派系的影響調動效果，通常是比民進黨還要大。從
當時許信良率先提出「策反地方派系」即知，地方派系是民進黨的
心頭大患。

此外， 1960年代工業化之後的台灣，在幾十年內都市跟農村人口
出現乾坤大挪移，急速的工業化，把人從農村土地驅往都市工廠。
但是，在威權統治下，脫離農村傳統連帶的個人，以「原子化」的
方式進入都市，而欠缺類似西方社會在工業化過程裡所形成新的連
帶：「工人連帶認同」等等。端看「都市同鄉會」的活躍程度不亞
於「工會」這種新的連帶認同，就可以知道台灣社群集結的狀況。
於是「地方派系」這種較接近「前現代」的動員網絡，便得以在地
方選舉中，定期且長期地發生效果。

儘管「地方派系」時常有重組現象，但是，誠如國際學者Tak-wing
NGO指出，台灣「地方派系」宛如一種「流動狀態」（movement）
下的組織集結，它的生命力其實相當頑強。只要當前此種燒錢的選
舉方式繼續存在，「派系」作為資源調動的流動中心，就會繼續存
在。

基於此，民進黨就必須以一種類似「民萃主義」（populist）的方式
來對抗。他們針對所謂「匿名潛在的被壓迫者」的情緒動員，並將
人（即選票）從地方派系動員可及的幅圓裡頭敲出，據此跟國民黨
落跑台灣後建構的虛幻中國法統進行所謂「意識型態」或「統獨」
的對抗，並一往打盡地收攏原子化社會中處於游離狀態的個人。這
就是每次「中間選民」都被視為影響選舉關鍵的原因。

事實上，民萃主義並非本質反動惡劣的招數。由於民萃主義此概念本身相對浮泛，學者對其意義內容的指涉人言言殊，若用阿根廷的培龍主義（Peronism）具體的歷史個案，那是用「人民」（people）取代「階級」（working class）的連帶，這的確有反動的效果跟作用。

但反觀民進黨的「民萃」操演，放在台灣工業化的脈絡下並沒有形成新的階級連帶認同，且「自在的工人階級」（class-in-itself）是以原子化的方式游離於社會之中，或者被收納進前現代的地方派系網絡「幅圓可及」（movement）之中，因此，民進黨的「民萃」操作乃是成本較低且迅速動員群眾的手法。事實上，台灣要進步，應該主動去爭取這些被「民萃操演」給敲出來的群眾。可是並沒有。

反黑金vs. 反扁貪腐

不管如何，打著「反黑金」跟建立「台灣主體性」的民進黨，也在國民黨分裂之後攻城掠地。理論上，以前民進黨的「反國民黨黑金」跟現在國民黨「反民進黨阿扁貪腐」，乃是不同層次的意義。

首先，「反黑金」的相對進步意義乃是，它的目標是反對過去國民黨主要的統治結構，假若國民黨這母體被切割下來的話，或許台灣社會有機會進行換血，亦即地方上的統治結構基礎有改頭換面的可能。換言之，「前現代」的地方派系可以被較為現代性的種種「社團連帶」給取代。可是，阿扁的廉價在於，他依舊想收編、想用快速的利益交換方式換取他的選票支持。「反黑金」原本來可以具有重構一套新的與相對現代性的統治運作方式，卻因為台灣膚淺地以「選舉」為民主化一切表現，讓過去的一切依舊處於原點。阿扁成也選舉，敗也選舉。

比起民進黨的「反黑金」，國民黨下野後的「反貪腐」訴求，其「民萃程度」更加無法扣連到背後的結構意義。具體而言，對於民萃政治操演過程中的含混和空洞「能指」（signifier），透過理性討論加以澄清，是可以對「民萃政治」進行內部解構與干擾，但是

國民黨提出一套更民粹的「反貪腐」，並且不斷將焦點收束在「阿扁」一人身上時，理應是制度跟結構的貪腐問題卻變成個人問題。「貪腐」作為「尋租」（rent-seeking）的一種表現，並鑲嵌在台灣戰後政經發展的結構，被略而不談了。於是「反貪腐」變成只能「反扁」，無法成為重新建構台灣政經結構能量。

原本，反貪腐運動和訴求理應拉回制度上與結構上的層面，讓結構跟制度改革成為可能。不幸的是，台灣社會幾乎一股腦栽進國民黨失去政權之後的不滿情緒裡，匯流成「民粹洪流」與「紅流」（紅衫軍），並提出「自主公民進場」等等自欺欺人的口號。舉例來說，紅衫軍的反貪腐訴求竟然是「禮義廉恥」；試問，這是一個現代性的社會運動嗎？！試問，「禮義廉恥」可以具體化操作或轉化成制度跟法律嗎？！沒有公民社團、沒有各種連帶利益為集結認同的社群，公民怎麼誕生跟打造呢？

原本民進黨的「反黑金」，依舊具有民粹動員的「含混」（vagueness or imprecision）性質，不過其浮動性質尚可指向國民黨一貫的統治基礎等結構層次，因而可以往結構跟制度的建立進行討論。但是到了國民黨的「反阿扁貪腐」，卻把問題進一步空洞化到只剩下扁家個人品格問題。

馬英九和國民黨在2008年的勝選，乃是立基於比民進黨更激烈的「民粹主義」口號，加上媒體包裝後的虛偽個人魅力，取得了權力。這讓人不禁懷疑，當前國民黨似乎是一個完全沒有價值理念的政黨。

一如香港文化研究學者許寶強指出，當這種競選口後的「能指」急速空洞化且跟原欲指涉的意涵脫勾之後，民粹政治和邏輯操演會使得智性討論受到排擠和壓抑，進而孕育出各種反智的論述和行為，以及犬儒文化：明知他們跟隨的是一種虛幻，但卻還是煞有介事地跟上去。

阿扁的民萃政治得以成功，乃是在於台灣戰後工業化之後，處於缺乏實在的連帶認同（工會或各種利益認同社團）的浮游狀態。這種原子化的社會基礎，以及國民黨建構的二層統治結構基礎，成為其合理和有效的成功要素。

不過，更帥更高的馬英九，則進一步學習和深化此民萃政治的操演。但在幹掉民進黨和阿扁的同時，他們也把台灣社會整個幹掉了：墮入了一種極度反智和犬儒文化蔓延的狀態。

這也是為何許多人總覺得，欠缺一個可以說服我們投馬英九的理由。明明知道馬英英九的空洞虛幻，就不會煞有介事地跟上去。這也是這次選舉過程中，總覺得反智跟犬儒的「藍丁丁」猖獗地充斥市面，信手拈來、放眼望去、一片皆是。

政治鬼打牆—黃粱一夢

歷史走到此刻，國民黨重新粉墨登場，中央層級一字排開，瀰漫的都是濃濃的「中國味」：他們是從「反攻復國」的一代權貴手中接棒而來的「二世」權貴。差別只在於，以前權貴I世是要「向中國殺去」，現在II世則是要「往中國奔去」。至於地方上，在2007年年底立委選舉完後，「地方頭人」型政客依舊是立院的要角。

但由於「阿扁」已經成為台灣史上最大惡人，且阿扁此一「惡人家族」正處於媒體公審之中，因此，國民黨中央和地方的二元統治架構一直沒受到正視跟注意。然而這次由郭冠英和盧嘉辰分別擔綱的荒謬劇，卻意外戳破台灣政治鬼打牆的實情。

郭冠英的「高級外省人」言論，講出真正位居中央要津的「高級外省人」一直刻意迴避的話題。至於，盧嘉辰這位出身地方的「台巴子」，則口出那種迷信封建的現世報應說：嘲笑陳菊的中風乃拆除高雄中正紀念堂銅像的下場云云。於是，由郭冠英跟盧嘉辰主演的戲碼，從角色設定、口白內容、口條腔調跟肢體動作……無一不是

證成了過往國民黨威權時期：中央高級外省官員與本省台巴地方政客的連袂統治台灣社會的形象翻版。

過去，外省高官常被描繪成一副能幹菁英樣的「技術官僚」，並且領銜著台灣經濟奇蹟的啟動，因此，尹仲容、李國鼎、孫運璿、李達海等等一系列技術官僚的形象跟故事描繪，直接或間接地建構出一種正面高尚的形象。例如，1974年，時任中油煉油廠廠長的外省技術官僚李達海，在高雄港務局的刊物《業務通訊》中發表一篇〈家常話〉的文章，用「愚與私」來責罵形容這些以「台巴子」為主的碼頭工人，在搬運進口器材時，造成煉油廠建廠器材的毀損。「台巴子碼頭工人」的「愚與私」，就對比出這些高尚的中央高級技術官僚的「聰與公」。

至於，一聽到國民黨的地方派系台巴子，不消說，腦中浮出的形象通常是前現代的、負面的感覺，整個low掉。這種二元形象的建構，其實也是正當化了以省籍為切割的二元統治基礎。

回台之後的郭冠英，高傲拒絕為其族群優位心態與歧視道歉，一副傲骨的才子與滿不在乎，以便給和對答如流的口才應對＝記者。至於，出身土城的盧嘉辰，開口即low掉的「台灣狗語」，說著拆掉蔣神銅像的陳菊的中風，乃是侵犯神明的「現世報」，在在表現出一副水準低級的「台巴子」樣。回答記者的提問時，就是一副腹中沒墨水的表現，並推託這此乃土城「庄腳鄉親」的看法觀點。

於是，郭冠英跟盧嘉辰擔綱的鬧劇，離奇再現了過去威權統治時期下，「中央外省高尚 vs. 地方本省低級」的二元意像，畢竟，高級外省與中央比較有墨水的才子，可以擘劃台灣未來，地方本省台巴子，則是可以很生活地貼近服務「庄腳鄉親」。

郭冠英與盧嘉辰擔綱的復古風鬧劇，意外揭露了「政治鬼打牆」在台灣，讓吾人方才驚覺，以為已經走了一圈的民主，其實距離國民

03
公務員與政治中立、專業精神－以公務作為身份、兼業、職業或志業？

作者：米娜娃之梟　圖：打果泥

論說這個GGY現象，就不得不檢視與關注此現象的多發性群體----也就是公務員這個群體。特別是作為這些惹起爭議的原因之一，就在於其職業身份，而這樣的職業身份的角色定位錯亂與偏移，恐怕也是這類現象產生的主要原因之一。

從獨裁威權過度到民主化的台灣，作為國家統治集團的有力支撐，除了軍警情特等「槍桿子」或是威攝部門外，最重要的當屬作為支配統治體系通向每個個人乃至心靈的公務部門。這個群體，中性點說，即是所謂公務員，或者，他們更喜歡標榜的，專業文官體系。

台灣的公務員，實質上與西方現代的國家的公務員其實是有著微妙差異。在現今的西方思潮底下，公務員其實是為了提供公共服務所配置的人員。因此，公共服務是其存在的原因，而追求「公共福祉」則成為其任務與目標。如何去確定這樣的公共福祉？則係透過憲政秩序下的議會運作去辯論、折衷與協調，而以預算與法律作為規範。公務部門的公務員則主要在於這些價值與意志的執行。從而，公務員的招募、培養、訓練與要求，都以執行政務為基本且首要的要求。而對於職務執行相關的專業性，以其對於公共服務貫徹的操守，成為規範公務員與品評公務員的基本規範。因此，行政的紀律與操守，實則與對於貫徹業務的專業要求與操守有高度的同義性。

但台灣的公務員，在絢爛的吹捧美化之後，同時再加以所謂的經濟發展成功的「奇蹟」式功績，在許多場合也被比擬為類同西方先進國家等具有現代公共服務意義的公務人員。然而，細考究台灣的公務部門，從過往以迄今日觀察，就可發現，從權力結構的構建與宰制過程來說，上下隸屬的統治支配體制一直是主要的結構與思維。在社會經濟視角的考察下，它們往往是過去以軍隊為依託的統治勢力的延伸，透過利益的分配與平衡，切割成一塊塊各有系統與利益連結的勢力範圍與禁臠。而也肇因於此，內部的派系與人事關係網絡，其重要性更比所謂的因公共服務之需求來得重要。運作原理也大相逕庭。因此，專業的考量與因不同專業所衍生的專業操守與倫理更是無從談起。

因此，當西方先進思潮所談論的公務員的忠誠問題，是一種對於制度的維護與信守，並以民眾為基本依歸的判斷時，台灣這些公務系統的「忠誠」，卻指涉的是宛若前現代的家臣—領主關係的對個人的忠誠。由此更轉變成對利益團體、對黨、甚至對虛幻意識型態的「忠誠」。這種基於恩庇體系所產生的觀念，往往其所思者，並非全體國民，而是利益或意識型態相類的群體，自然將非屬於此的群體，視為支配對象或乾脆視之為敵人。由此，區別上下高低、官民之別、甚至標籤無法納入的各色人等，成為這種體制與意識下的必然結果。

而這些明顯不符合現代憲政民主理念的群體如何規制彼此？他們不是求諸於其設立本應立基的憲政民主自由價值。而是反身凝視自己的出身，拿出過去以傳統之名而利於統治者的過往思惟來加以代換。由是，在以現代的職分與制度下，運作的是保守、反動甚至落後的人治主義價值。以這樣的瓜代的過程與背景，公務員的行為操守，被以「官箴」這種封建君主時期的語彙名之也就不那麼令人意外。同樣的情形，一如他們以「士」代稱或等同於知識份子（公共知識份子），文官則等同於公務員。但又在前面家加上「專業」二字成為「專業文官」，則令人有此地無銀三百兩的莞爾。試問：相

對於專業文官，是否有「非專業文官」或「不專業文官」？

這種乞靈於前現代的幽靈的詮釋與理解，固然是對於現代社會與立基於現代文明與科學價值的現代機關與管理原則與運作缺乏認識。但也更可對照出其認為空虛的統治基礎必須以所謂的傳統與帝國想像的延續來加以傳承。因而，依附人身關係的身份、認同與忠誠，既不能立基於現代社會的社經基礎，則統治權獨佔的合法理由就不能不尋找過去的殘骸與記憶。於是，個人的忠誠取代基於對於公共付託信守的「忠誠」；而基於專業運作與自律的操守與品味，被「倫理」與「權勢」所取代。從而，運用權力，充滿對於勢力分配的算計權謀。而不是為了踐行效率與進步的考量。也因此，基於專業所產生的自主性與裁量，實際上只是各自特權領域的獨佔與確認。

於是，這些穿著現代名稱與外衣的群體與機構，實際上更重視的是人與人之間的裙帶關係。西方的科層制（官僚體系）成了保護與界定這些群體過去既得利益的特徵。而相對的，這樣的作為，也使他們更多的以他們的共同利益當作是公共價值，所以對於非屬這個群體的不同團體與個人，充滿臆測、想像、厭惡與恐懼。更因具有獨佔性權力而對他人派生出優越的地位與情感。於是，公務員，更多的是在於感知為立於四民之上的「官老爺」或「士人」，而不是為公共服務為目的的「公僕」，當然更不會是公民。

而更因為國民黨「轉進」台灣後，獲得其在中國所從未擁有的國家統治主客觀優勢，在鞏固與安定政權的考量下，作為外來統治的政權，當然也為了維持其政權的合法性及其帝國的想像，以「分區定額制」的方式組建其在台灣的統治機制，打造仍然是「大一統」的幻象，於是對於合理與公平性向正統性俯首退讓，使得其公務員族群組成比例與人口結構有大幅的違常。而這些不合理的現象，不透過帝國想像與某些優越論述的建構，則難以讓社會全體與統治集團心服與心安。故爾，對於台灣社會必須被建構為：他們是解救與文

明的開化者，竭力的否定既存社會原先文化與群體意識的現實，並積極地賦予負面色彩與形象。恍若不為如此，其統治的正當性與支配的優越性則不能成立。

於是，我們對於本應以提供公共服務與民眾福祉為依歸的公務員，卻在其言行與所發表的的字裡行間，處處見到其所顯露自以為優越並大肆貶低依其職務理應設想、關心甚至克盡厥責以付出心力的對象（也就是其國家社會中的主體，即國民），也就不難理解。畢竟，他們從根本上來說，欠缺公僕意識，更不具備現代公務人員職務源由與存在的基本認識。只是執著於支配統治地位的優越感與自我標榜。當這些過去的錯誤意識在現實環境中，終究逐漸必須去改易與糾正的潮流趨勢裡，他（們）不但不能理解與設身處地，反而是更多的累積自我認知落差所轉換而來的怨懟與憤怒。但他們終究是難以超克的，也無法分析過去與現在的差異源由，更無法從而調整自身在這個位置乃至在群體社會中的認同與定位。於是他們只有以最簡便的罰他的方式來尋求問題的解釋。於是，個人或少數人被標誌為特定的邪惡並加以乘數擴大其惡感。甚至去認同某些自我想像的虛幻，以逃避在現實中適應困難的挫折感與違和感。於是，厭惡與憎恨本應服務與獻出忠誠的對象成為表現的常見形式；於是，貢高我慢的「高級」、「優越」，與貶低他人的咒罵：「台巴子」、「歹丸」等語彙也開始失控。甚至，歧視性與仇恨性的語言更加激烈的充斥於其思維與口說言行。這是溝通可能的挫敗，更是自身適應社會可能的挫敗。

從而，反思台灣的社會，公務員的基本操守或規範實際上是在於先天就缺乏正確的認識，後天又沒有正確的矯正。公務員對於其任職期間，本應保持「政治中立」，以政策的制訂與執行為其專業與本業。之所以以「政治中立」，而非台灣習稱的「行政中立」來說明，在於行政本來就是某項價值的的具體實踐與履行，而執行期間，更常有依據政策與決議的價值判斷。因而以「行政中立」來名之，實際上反而混淆所追求的目標。公務員在執行其職務時，應

該以政策與法律的執行為依歸，摒棄自身的價值偏好與政治傾向，並以國民的福祉為行動與決定的最終依歸。因此，對於政治抉擇與偏好必須摒除於執行與規劃的考量算計之外。而所信守的操守與品位，乃是基於職務性質所生的專業堅持與專業運作下的紀律與倫理。而不是訴諸個人無上的道德判斷與語言。由是，其執行職務才有「專業」可言。而專業運作所產生的自主，也必須有自律與制度性的規範來加以協調平衡。其本身實際上具有現代社會的經濟、社會、政治、法律等相關學科的客觀科學性背景。過去那種依附人身與特定個人所生的價值、道德、規範與忠誠，甚至以幻想想像當作理想與道德義務的觀念，在二十一世紀的今日，實在應該予以規正以期有正確健康的發展。

因此，公務員其係因公共服務踐行之需要而招募、訓練與組建符合執行職務所需的專業人員。並不是一種人身所屬的身份，而是需要是專職投入的公共性職業。而作為專業的執行者，以專業的素養與服務進行公共福祉的追求與實踐，同時以專業的紀律與操守保持專業的行動與思維。也因為這樣的堅持，所以以自律相繩，從而贏得專業之自主。而作為從事公務員的品格，認同公共服務的價值與定位，並以公眾福祉為行動依歸，此種公僕意識，方為其本質性的規範與指導方向。從而，也許我們也可以說，對於這樣的認同與實踐，方為「公職作為一種志業」吧！

至今，台灣官僚界對於公務員的品格與道德操守，仍以「官箴」名之。而中國宋代呂本中所著『官箴』一文，當是其名相與詮解的源頭。筆者並不欲與近人某大法官著名判決，宋代公使錢作為判決基礎相攀比，蓋現代官僚體系與公共服務理念，遠無法與這種前現代封建體系相比較。然而，作為司法判決尚且如此，筆者雖不認同，卻也為適應此種風潮，權做「官箴自宋代即有之」之戲作，來檢驗一下近期大失「官箴」的GGY人士：官箴開卷有言：「當官之法，唯有三事，曰清、曰慎、曰勤。知此三者，可以保祿位，可以遠恥辱，可以得上之知，可以得下之援。….」。其出入豪奢，名

車接送，黑衣護衛成群，難曰爲清；放言高論，誇誇其談，而行爲乖張狂悖，此情此行，難曰爲愼；而怠惰曠職，擅離職守，則難曰爲勤。因此，其官祿自不可保，恥辱則傍身難遠，自不得上之知，也無法得下之援呀！嗚呼！G君！危矣！殆矣！官箴有言，早已如此！如此說來，植基於帝國想像傳統的GGY現象，到頭來，還是被偉大的傳統規範所全盤否定。這究竟是對於追隨此種價值的才子們的反諷？還是其又再次證明了前現代式的道德語言指控，到頭來只是依己意任憑搓圓捏扁的美麗詞藻罷了！

04
「郭冠英現象」背後的
政府治理難題？

作者：Shinichi

楔子

作為高級公務員的郭冠英，發表了一系列與公務員專業和職責不相符的言論，引致一陣風波。姑不論，郭冠英的國家認同為何，也不論「中華民國」是否有被國際承認，但郭冠英身為「中華民國」公務員，並據此領取職務薪津乃是不爭之事實；因此，郭冠英事件根本非關「言論自由」，而是「打假球」——違反「職業道德」。然而，不論郭冠英事件，是否已經因為郭氏的去職而落幕，吾人仍然必須指出，郭冠英現象的背後，有著許多值得進一步細究之處。

回想2000年，時值阿扁打敗統治台灣五十年的國民黨而初掌政權之時，即有一個名詞——「新政府，舊官僚」——意指民進黨政府指揮不動過去國民黨政府遺留承襲下來的舊官僚和公務人員，並順利讓政務得以推動。不論，舊官僚到底存不存在，當時，此一詞彙，其實正說明了台灣以所謂「寧靜革命」的民主轉型路徑方式從威權出走，但威權的結構和制度慣習，以及慣習背後的文化支撐，卻也伴隨著民主轉型的過程，被繼承保留下來，容或有表面跟形式上的更動，可是骨子內裡的結構，卻依然紋風不動地被承襲下來。

職是之故，在此脈絡之下，此次高級公務員郭冠英的現象，也就揭露了一個不得不令關注台灣社會改革者都得正視的議題—民主轉型下「政府官僚」的改造問題。尤其，伴隨著在1980年代亮麗的經濟

成長，而讓台灣與香港、新加坡和南韓共列「亞洲四小龍」(Four Asian Tigers)的名單中，並以「發展型國家」(developmental state)而成為被研究的對象之時，當中官僚體制中的功績表現制、政治自主性、社會鑲嵌性(官僚與民間和資本團體的彼此協作共融)、以及技術官僚的政治不沾鍋(以經濟目標為政策主要考量)等等，都被視為是台灣「經濟奇蹟」的成功原因之一。換言之，國民黨政府雖然威權，但據說，其由技術官僚領銜的官僚體制，卻是經濟績效亮麗的主要推手。

姑不論，此種以「技術官僚」和官僚體制作為台灣過往經濟發展的解釋是否真確，過去國民黨政府透由官僚達成經濟成長跟資本積累的現實，卻是不爭的事實，儘管，就「環保」跟「勞工」的立場而言，遠非如此。但是，隨著1980年代，「蘇東坡風潮」(蘇聯、東歐和波蘭共產國家的解體)加速了資本全球化和市場一體化的勢頭，並逼迫台灣市場對國際開放，以及1980年代台灣內部政治民主化的進展壓力，在在都讓過往威權的「官僚體制」及其背後的「政府治理」方式，遇到了相當大的瓶頸和困境。

由於，台灣民主進程是以國民黨「外省」威權過渡到「本省」李登輝的手中大刀闊斧地展開，再加上本土的民進黨對威權國民黨的挑戰方式，在在讓台灣的民主轉型過程，夾纏了「國家認同」和「族群爭拗」等等認同政治的爭議在裡頭。李登輝即是巧妙地利用這樣的潛在槓桿，及其背後的矛盾和心結作為力矩，推進台灣「民主化」的改革，並寫下「寧靜革命」的篇章。

然而，誠如國外學者Tak-wing Ngo指出，此種民主轉型的方式，也就順勢遺留了四個糾纏複雜的矛盾和過程：1. 如同東歐轉型國家，台灣民主轉型必須緊抓過去1949年之後國共鬥爭的歷史遺緒，並埋下爾後「國家認同」差異所造成的種種糾紛；2. 缺少急進的政治斷裂，讓政府機構及其菁英權力得到延續，並換取了民主轉型過程中的相對穩定性，但同時卻也制約了「轉型正義」，抑或是對過去

歷史遺產進行矯正的相對困難；3. 民主化與認同政治的緊密齧合與纏繞，讓政治改革更加費力；4. 儘管對於政府改造有共識，但對於改革的使命和幅度卻缺乏共識，讓「統獨」議題得以潛入並從中攪和，例如，政府改革是否可以牽涉國號更改等。

基於這樣的民主化路徑和特色，讓台灣的改革蒙上了一層所謂「認同政治」的外衣，並失去直指問題核心的機會。於是乎，1980年代以來的台灣，在市場自由化和經濟國際化，以及政治民主化的等紛至沓來的壓力之下，「官僚體制」及其治理問題，雖以政府組織再造、公務員改革，以及國營事業民營化作為表現，但台灣民主轉型的特殊性，卻讓這一系列改革動輒得咎，並屢屢讓全球化下台灣的「政府治理」，陷入步履蹣跚的處境。底下，將進一步以「政府組織再造」和「公務員改革」為例，說明官僚體系改革的困難，並據此創造出各種光怪陸離的「郭冠英現象」。

政府組織再造

就政府機構改造而言，最後的成果只有一項：1998年的精省和虛省。當時的精省，是在李登輝揮舞手中政治魔術棒下，以連戰跟宋楚瑜的分裂並爭逐總統大位為表現。此時，「精省」議題，導致連戰和宋楚瑜的分裂，並各自佔據李登輝國民黨本土棒子，以及往統派、往「外省」正統靠攏的政治光譜和位置。儘管，省級政府的虛化，是以政府精簡再造並提升競爭力的名義出台，但由於過往國民黨在台灣的政府機構肥大化，為許多1949年撤台的外省公務員創造出許多就業機會，再加上宋楚瑜和連戰的政治光譜的分殊，也就讓「認同政治」的幽微情結，精省跟爾後選舉過程中深化。

此外，美國學者鄭敦仁指出，國民黨建構的黨國體制乃是「擬似列寧政黨」(pseudo-Leninist Party)，過往國民黨在中國大陸上的官僚間和派系間的內鬥，在國民黨1950年的政黨改造後，以黨領政式的治理領導獲得強化，因此，其內部「秘密人事任命」(nomenklatura)系統，並在國民黨中常會做出最終裁決的黨國運作方式，扮演著統合

和協調官僚內部與派系鬥爭的功能。2000年之後，靠選舉起家的民進黨，由於其與政府機構缺少此種連結，也就讓民進黨政府對文官體系的駕馭跟指揮，無法像國民黨如此順暢。同時，身為「外造政黨」的民進黨，選舉能勝出的才是「老大」，更讓黨本身無法發揮政治目標的引領功能，只能作為選舉機器的一部份，而進一步強化了「選舉」作為台灣民主和社會改革的路徑，並讓「選舉」吸納了任何可能的改革能量。

因此，2000年之後的民進黨，為了駕馭支配官僚體制，設立了總統層級底下的「政府改造委員會」，企圖重組政府官僚機構。然而，國會無法過半的現實，以及民進黨任內幾乎一兩年就得選舉一次的實情，讓政府改造的努力最後都在眼前選舉現實考量下—政府改造牽涉利益更動，吃力不討好，可能造成種種反彈—而徒勞無功。再者，也因為「選舉」之故，讓民進黨執政下的政府機構，免不了被用各種方式拉入了選舉的泥沼之中。於是，在先天不良後天失調的脈絡下，「官僚機構」的政治不中立，似乎也就從國民黨到民進黨的政黨輪替中，繼續封存下來。

公務員改革

就公務員改革的部分，幾乎也繳出慘澹的成績單。國民黨的黨國體制，讓高級公務員可以在政府機構和黨機構之間彼此過水，並進行能力養成。因此，政府忠誠跟黨派忠誠，常常難以區分，並導致政府官僚的政治中立性難以實現。

至於，台灣一般公務員的改革，主要是針對過去以省籍為「分區定額」的公務員考試，以及軍方轉任的「黑官漂白」的不公平措施的廢除為表現。之後，公務員的改革幾乎沒有新的進展。直至，陳水扁執政期間，公務員的退休撫卹18%議題，原本是項理應獲得社會支持的改革，但因為牽涉到選舉操作，以及顧慮到公務員反彈的選票流失，再加上公務員傾向泛藍的刻板印象招致國會佔大多數的泛藍勢力反彈下，最後也讓此議題形同流產。

此外，官僚體系在台灣民主轉型過程中的高度延續性，以及在此種延續性背後的舊有慣習的承襲，遂讓「公務員較傾向泛藍」此一刻板印象逐漸成為社會的共識。於是，民進黨對此些官僚體系下的公務員，有著政治傾向和效率的高度不信任；再加上輔選勝選之後的職位創造和安插需要，因而讓民進黨執政的政府往往在既有官僚機構之外創設各種建制，並導致爾後民進黨陷入貪腐的指控之中。例如，謝長廷主政下的高雄市政府勞工局，或許基於是輔選有功的犒賞需要、抑或是對於既有公務體系條條框框的效率質疑、也可能是對既有人員的不信任，因此，許多公務體系外的建制遂被設立，並安插空降許多所謂「自己人馬」，或者將許多既有公務業務經由「委外」方式，委託給友好民間團體等等。當然，此些作為於倚靠選舉起家的政黨而言，當然有其實際需要，尤其利用資源收編並化作選舉支持動員為兌現。

但是，在此種狀況之下，這些新成立的體制外建制或是獲得委外的民間團體，承接了既有公務體系和人員的工作，往往也就引來了貪污指控的疑雲。當時，謝長廷主政下的高雄市勞工局局長方來進，果真就陷入一連串的貪污起訴的泥沼之中，並成為國民黨用來脫卸民進黨的「清廉信用」的事例。於是乎，民進黨的相對清廉形象，也就逐漸地在這種以「選舉」為依歸的民主轉型路徑下，逐漸且必然地消褪。

儘管，對於既有從國民黨時期沿襲下來之舊官僚的不信任，民進黨政府也進一步修正「公務人員任用法」，並據此衍生「公務人員品德與忠誠特殊查核辦法」以及「涉及國家安全或重大利益公務人員查核辦法」。但是，因為此些辦法在「國家認同」問題和官僚體系的高度延續性下，根本無法發揮實質效益。譬如，過去「人二」改為「政風」，許多人員也據此保留，因此，「公務員查核」也就讓人難免聯想到過去「人二」機關下的白色恐怖的罪名羅織和監控。於是，民進黨頒佈此兩種辦法之時，也就招致了民進黨過去反對公務員查核的立場，今日卻要求查核的立場前後不一致的批評。

職是之故，公務員理當政治中立、秉持專業考量的理想，亦就像是「妓女的貞操」一般，成了笑話。也因為如此，公務員的政治中立和忠誠要求，在台灣也就變成辦家家酒的兒戲，同時隨著馬政府的親中和外交休兵，因而出現國安會秘書長的老婆到中國趴趴走賣書，以及新聞局駐外人員鄙夷夕九鬼島，但肯定中國等種種亂象的產生，卻也引不起台灣社會任何嚴肅的對待跟討論。

走筆至此

高級公務員郭冠英的言論和文字暴走事件，揭露了政府公部門和官僚體系在威權走向民主轉型過程中改革的困難與失敗。因為，在台灣民主轉型過程中，政治菁英和官僚的高度延續性(檯面上國民黨政客和高級文官，清一色皆是從威權走向民主過程中變了兩張臉)、政府機構的穩定持續(如人二變身政風、學校教官從思想官訓變學生生活輔導)，並在台灣國家認同分裂的狀況下，造成台灣政府官僚體系的惰性和慣性，一路頑強地尾隨威權到民主轉型的過渡中保留下來。

因此，阿扁任內無能也無力對政府組織和官僚體系的再造和更動，再加上「選舉」成了台灣民主轉型的主要推進邏輯，讓阿扁只能形式上地仿效國民黨，企圖用資源釋出並加以收編和拔擢的方式，企圖讓一些資本家和官僚「改信」(converted)——讓某些公務員改變效忠對象。結果，迨至本應是被改革對象的馬英九上台之後，當時「改信」綠朝的公務員，也就形同背叛壓錯寶一般，面臨清算。高級公務員施茂林跟葉盛茂，以及資本家元大馬家的下場，即是最好的明證。

同時，就政府治理(governance)的三項指標：問責徵信(accountability)、負責(responsibility)，以及透明化 (transparency)觀之，馬英九政府的許多決策形成過程中，幾乎欠缺透明化以及事先的問責徵信，就連政策失誤也無人負責的現象，也就在官僚體系的改革失敗下，成了必然的實情風景。

於是乎，因違反文官專業和職業道德而去職的郭冠英本身並不可怕，可怕的是，這樣的政府組織和官僚體系，及其背後的政府治理，才夠令人驚悚。儘管，當前的馬英九政府，也因為官僚體制的老態龍鐘到無法負擔經濟全球化下政府職能的重整，而再度提出公務員改革和政府組織再造的計畫，但缺乏對於過去官僚體制的歷史繼承與遺留問題進行診斷與清算，並據此建立官僚體制的政治中立和文官專業性，則馬政府當下推動的改革，強化的將只是官僚體制對於馬英九和國民黨一人與一黨意志的治理罷了。

在這樣脈絡之下的台灣政府官僚體系和組織，將會是馬英九政府暴衝的助燃器，而非煞車皮。高級官僚郭冠英的暴走式的「政治出櫃」，不會是個案，整個官僚體系的集體性暴走，才更值得吾輩擔心與提防。今年四月一日，研考會的公告指示：「由於赴『大陸地區』不等同於『出國』，現階段『中國大陸』地區選項，除提供縣市首長赴大陸地區考察登錄外，其餘機關不必登錄；報告上傳後，除管理端外，前端亦不開放查詢」云云，不正是「官僚體系」集體性暴走的最好明證嗎？！

05
論郭冠英事件的未來立法趨勢

作者：五府萬歲

楔子 平等背後的認同

台灣的族群政治光譜其實一直隨著政治鬥爭的情勢而沒有絲毫的緩減，即令是台灣人的認同已經高達百分之八十的今天，仍然沒有讓這樣的狀況有所改善。種族與族 群其實是一種政治的認同或是自我存在價值的彰顯，不能否認的是郭冠英一連串的將外省族群地位高級化以及中國人形象偉大化的訴求引起了許多社會輿論的抨擊，但是抨擊郭冠英的同時，卻不能不從政治的角度去說明郭冠英的政治認同，郭冠英現象其實反映的是長期以來習慣政經不平等地位的高級外省族群的焦慮感，在台灣民主化的同時，台灣人正在反抗來自於中國所謂中華文化和漢族正統思考的洗禮，在民主化及反抗中國文化霸權洗腦的過程中，自認為是『外省人』或是『中國人』的族群僅剩下極少數，台灣人逐漸認知到自己與中國人的重大差異，這些都令所謂的從前掌握統治地位的少數族群感到憂慮不已。

從前的優勢地位不再，本來就是台灣社會民主化的成果，畢竟保障少數族群優勢的法律才是真正的不平等。『外省族群』 和『被 馴化的類外省族群』[1]，在馬英九執政後，當然希望能重回之前的優

【註解】

[1] 這裡指涉的是情感上認同中國，或是政治歸屬上有大中國意識，而不認為台灣可以作為一個獨立國家的人，因為事實上台灣並沒有外省人，而只有外國人(中國人)，因為認同決定國家，而非血緣決定國家是近代國家的核心建構基礎。不過若依照血緣決定論者的說法，仍須分為外省人及本省人，而這些 本省人因為在血緣決定論者如郭冠英的眼中，是無法變成外省人的，只能馴化，所以只好以類外省族群稱之。

勢地位,因為**認同台灣作為一個國家與台灣文化,甚至是台灣人作為一個新而平等的自由人主體,對他們而言是十分艱困的。而郭冠英事件則是反映出這樣的心態**。這樣的郭冠英事件不但造成了台灣社會的震撼,也讓族群平等立法的聲音四起。本文不在評析心理,政治,社會,哲學等各方面的郭冠英言論,本文擬先從郭冠英事件法律面的言論自由分析郭案,然後探討族群平等法是否有立法的必要,若無立法必要,結論上則應可從現有公務員法和刑法的增修著手,處理類似的種族歧視問題。

郭冠英事件的法律面解析

關於郭冠英事件的解析,不外乎是兩個重點,第一個是郭冠英個人的公務員身份是否享有發表言論的自由,第二是郭冠英所發表的言論是否是政治言論主張?或是是否不被現行法律所容許?

一開始必須談到言論自由的問題,言論自由並非一個絕對的權利,在現今大部分的法學者或是實際的法律運作上,言論自由都是一個受到限制的權利,在德國,言論自由必須受到憲法或法律的限制,不是一個絕對的權利 [2]。

在釐清了言論自由的脈絡之後,我們就來談一下郭冠英案件的言論自由問題。

關於第一個問題,郭冠英的公務員身份當然享有言論自由,不過郭冠英的言論必須分為兩個方向來談,涉及郭冠英本身公務員職務的言論和不涉及公務員職務的的言論,在前者是指郭冠英就其所執行

【註解】

[2] Pieroth / Schlink ,Grundrechte Staatsrecht II , 24 Auflage ,2008 , S.146-150., M.Hochhuth, Die Meinungsfreiheit im System des Grundgesetzes, 2007.

職務範圍內必須遵守公務員法上的誡命和克制義務 [3]，不能夠在執行職務時隨意發表與公職務和國家政策有所背離的言論，這個部分郭冠英的言論自由是受到公務員法律限制的 [4]；後者則係指郭冠英可以與一般人民一樣享有言論自由，但是本案中郭冠英所發表的種

【註解】

[3] 這裡有另一個違背公務員誡命規範的案例可供參照，即前駐新加坡大使胡為真批評國家政策和作法的言論，這件事明顯涉及違背國家職務的部分，包括在國外駐外大使於外交場合不認同台灣，批評國家政策這些都是極其明顯的違背職務的行為，但在台灣此事卻是不了了之。可參閱http://www.libertytimes.com.tw/2007/new/jul/1/today-fo1.htm

[4] 這個部分可以參閱公務人員考績法第十二條第三項各款，這裡公務人員考績法在法律的構成要件上，因為並沒有對公務員的職務上行為與非職務上行為清楚的區分類型及其因果關係，導致某些對法律認識不清楚的學者誤認為公務員的言論若沒有違背其職務，自然不能對於其言論加以處罰，因為這屬於言論自由保護的一環，事實上這是不對的。因為仔細觀察可以明白，公務人員考績法第十二條第三項 的第三款和第五款就對於違背職務的行為和非違背職務行為損害官箴就做 出了類型區別，也就是重點不在公務員職務身份的有所違背，而在於何種行為或何種言論的違法應受到法律的規制.郭冠英一案突顯的其實根本上是兩個問題，一個是公務員的中立義務,民主義務的,政治立場克制義務的問題以及言論自由的問題。這兩個問題分別涉及兩個不同的方向的，而並不是混雜在一起當作公務員的言論自由問題來處理。郭冠英在事發前後一連串脫序的言論，若依照德國法來看，則不但違反了中立和民主的義務，更顯然違反了公務員政治立場的不可違背國家利益的誡命，事實上不論是言論自由或公務員義務，郭冠英都有所違背。這可以參照德國公務員法第五十二條及五十三條的說明。Vgl.Bundesbeamtergesetz§52,§53。但在我國法因為規範上公務員行政中立法現在還被晾在立法院，所以對於公務員法的整體規範，尚不清晰，以致認定郭冠英違背職務的問題上有被混淆的空間。

族歧視或鼓動外國政府攻擊台灣的言論，看起來與執行職務無關，而涉及一般性的言論，在外觀上，好像郭冠英只要不違背執行他在加拿大駐外新聞官的職責，即可以發表這種一般人也可以發表的言論，那問題的重點在於一般人民發表這類種族歧視的言論或是鼓動外國政府攻打台灣的言論難道不會被處罰嗎？或是我國法律是容許的嗎？恐怕不是！

在我國法律的妨害人群治罪條例第二條及第三條就針對這樣的行為予以法律上的非難。就算不論刑法的內亂，外患或妨害國交下的各罪名，一般人民發表此種言論至少 也會負擔上刑法的公然侮辱罪或是毀謗罪，所以說這是言論自由就實在難以理解。換言之，即令撇開郭冠英的公務員身份，這也不是所謂的言論自由涵蓋的部分，更何況**這個事件自始至終爭論的焦點就一直是在郭冠英的言論內容，而不是郭冠英的公職身份，提出郭冠英公職身份的說法只是模糊了整個事件的焦點。**

所以郭冠英的公務員身份並沒有因果上導致郭冠英的言論受到限制，**重點是郭冠英的言論卻有造成政府的整體形象和利益受損的因果關係，這個言論和其所導致的後果才是被非難的重點，換言之，這裡的因果不能顛倒，不是公務員身分限制郭的言論，而是郭的犯罪言論影響了他的公務員身分.至於郭冠英本人有無另外違背職務的言論或是其他的違背職務行為則是另外一個問題。**

郭冠英發表的這種種族歧視和要求外國政府攻打台灣的言論，正是被法律責難的部分，其公務員身份的失去是被這樣的不當言論所牽連的，這在公務人員考績法也有規範。所以自始至終，非難的重點一直是郭冠英的言論內容，而法律效果則是因為公務人員考績法有這個規定而加以適用，不能說是郭的公務員身份而致郭冠英言論受限，因為任何人的言論都是受法律限制的，不獨獨是郭冠英一人。

公務人員考績法第十二條第三項的第三款的嚴重傷害政府信譽，第

五款的言行不檢，郭都有違背。而郭某在事後痛批新聞局，並且大
發謬論，這同時也該當公務人員考績法第十二條第三項的第六款和
第七款，而冒用同事的名字在報紙上發表迴護自己的言論，更涉及
可能有刑法第一百五十九條的冒用官銜問題，這些恐怕不是以公務
員的言論自由就可以隨便含糊混過去的 [5]。也難怪事後補了郭冠英
兩大過免職，總統府會認為處分適當。

第二個則是郭冠英的言論可否當作是言論自由的內容或是否不為現
行法律所容許的爭論。朱高正先生就認為郭的主張屬於政治性言
論，並援引康德的話，說明郭冠英只要職務做好了，就可以以自己
的立場發表這個言論，而這樣的言論也不應被免職 [6]。不過這樣的
說法看似有理，但其實卻是荒謬的可以。因為郭冠英的言論本質上
並不含有任何理性思考的成分在內，郭冠英的說法恐怕連康德都會
嚇一跳，因為郭冠英的言論正是屬於啟蒙時代最被批判的反啟蒙君

【註解】

[5] 關於匿名發表言論，如果主體是同一個人，那麼根本沒有所謂的匿名
　　者比用真名者享有更多的言論自由問題，因為這無礙主體同一性，用
　　什麼名不是重點，重點是所發表的言論仍須受到法律的限制。

[6] http://1-apple.com.tw/index.cfm?Fuseaction=Special&SpecialID=836825&Sec_
　　ID=1&catcol=cat 朱高正文中所引的康德一段話，應該屬於朱先生自己
　　獨見而創獲也。康德1783年12月5日的經典作品，《何謂啟蒙》的答問
　　中，似乎沒有朱先生說的這段話。康德該文是指運用理性的自由，雖
　　然到處有所限制，但是運用理性在公開的場合卻能促成啟蒙的進步，
　　但是如果是在共同體的利益上，用理性抗拒命令則會壞事，例如軍官
　　抗拒國王的命令。康德該文是在說明理性的自由應在何時或何種情況
　　公開的向社會大眾宣揚而促成啟蒙，按照康德的原文意義，反而與朱
　　先生所言完全相反，因為郭冠英的案件中，根本沒有理性宣揚成分的
　　存在，郭冠英也沒搞懂康德的運用理性自由，朱高正先生自己當起康
　　德來為郭冠英先生喉舌，恐怕不甚妥當。

父和神權思想,主張種族屠殺和歧視,甚至是鼓動外國政府攻擊本國,這些言論在本質上違反了啓蒙的脈絡與價值,**這樣的言論根本上既然反於理性,如何能夠稱為是一種政治上的主張?連成為言論的基本理性的元素都失去了,又如何稱的上是言論呢?這樣赤裸裸的暴力和歧視根本上不能被憲法的言論自由所涵蓋,在德國甚至被當作是違憲的敵對憲法行為而加以處罰** [7]。

憲法上的平等原則與族群平等的立法必要性

一、台灣憲法的平等原則立法架構混亂

在談到是否應該有一部族群平等法的時候,或許我們應該回過頭來先談憲法上的平等原則的問題,這樣比較容易讓我們釐清問題的脈絡。

平等原則其實很簡單的解釋就是,透過法律保證不同的地位和不同的身份的平等。本質相同者,恣意使之不平等,或是本質不同者,恣意使之平等都是平等原則所禁止的 [8]。

我國憲法奇怪的是一個平等原則卻散見在各個條文之中,例如我國現行憲法在第五條規定 《中華民國各民族一律平等》,然後憲法第七條規定《中華民國人民,無分男女,宗教,種族,階級,黨派,在法律上一律平等。》然後增修條文第十條第六款則規定《國家應維護婦女之人格尊嚴,保障婦女之人身安全,消除性別歧視,促進兩性地位之實質平等。》

第五條的規定是在總綱,在總綱的部分主要是揭示中華民國這個國

【註解】

[7] Pieroth / Schlink ,Grundrechte Staatsrecht II , 24 Auflage ,2008 , S.149.,Enders/ Lange, Symbolische Gesetzgebung im Versammlungsrecht, JZ 2006, 105.,

[8] Pieroth / Schlink ,Grundrechte Staatsrecht II , 24 Auflage ,2008 , S.103,105

家的組成要素，第五條之所以重要就是在昭示國家本來就有許多不同的種族，這個中華民國並不是單一民族的國家，這個憲法本文在政治上的意義是推翻了所謂的『中華民族』這個概念 [9]，因為如果是一個民族，根本不需要規範民族平等，所以這樣分跨兩條的規定看似突兀，但事實上源自精研威瑪憲法的學者張君勱的這個條文，其實就是告訴全國人民，中華民族是個謊話，中國確實有各種不同文化的民族存在，事實上以立憲者的本意來看，應該是要防止抗戰時國民黨黨內上下奉行的國家至上和民族至上的觀念，並做與五五憲草完全不同之規定，根絕中國國民黨奉行的源自德國的國家社會主義的國民革命思維，全面採納民主政治原理的民族平等與文化多元理念 [10]，然說當時的中國並未有民族排擠的思想，但戰後中國國際地位提高，且漢民族居於政治的主流，以漢民族和漢文化為中心

【註解】

[9] 原來五五憲草的規定是中華民國各民族均為構成中華國族之構成份子，一律平等。

[10] 中國國民黨與納粹的關係十分密切，包括納粹德國對於中國革命的同情，以及當時希特勒的國家社會主義的成功都使蔣介石決心學習希特勒這個成功的典範，讓中國成為第二個納粹德國，而當時國民黨元老張繼甚至聲稱蔣介石先生就是中國的希特勒，以為推崇，所謂的國家至上與民族至上的口號也是模仿納粹而來的。關於中國抗戰期間與德國的關係，Vgl. Mechthild Leutner/Wolfram Adolphi/Peter Merker / Mechthild Leutner ,Deutschland und China 1937-1949: Politik, Militär, Wirtschaft, Kultur, 1998.,另外國民革命(Die nationale Revolution)這個名詞本就並非蔣介石或國民黨的專有名詞，國民革命一直是希特勒和其黨羽的最愛，希特勒也自認為是國民革命的代表，國民革命就是一種反民主而以民族為基本思維的產物，可以與國家社會主義互為表裡。可參照Heinrich Krüger,Die Verfassung der nationalen Revolution,1933.,另外在Ulrich Scheuner, Die nationale Revolution,Eine Staatsrechtliche Untersuchung (Arch. d. öff . R. N. F.24,1934.S.327,Anm.147)有清楚的介紹

的思考必須揚棄，戰事結束之後，需要的是以民主政治和民族平等面對不同的民族多元文化的問題，否則極易使中國淪為獨裁專制國家，這從立憲者張君勱的自由民族主義思維可見一斑 [11]。

而憲法第七條則是給予實際上立法和司法解釋時操作的法條，這從我國大法官會議解釋的實際操作即可明白，而增修條文則係因應台灣現代社會的轉變，透過國家給予重視婦女尊嚴及社會地位的宣示性條款，藉此宣示性的強化婦女地位，讓國家對於婦女的保障有政策依循標準。

不過這三個平等原則的條文不論是如何的立法原因或是何者為立法及司法操作的具體標準，都顯示出了我國立法的特色，凌亂，沒有架構，也沒有通盤考量，有時候甚至立法只是一時的激情，或是為了討好各方。我國目前在憲法解釋上因為這個條文過份凌亂，不但增加解釋上的難度，有時候造成條文彼此間的矛盾。**例如第五條的民族和第七條的種族有何不同？為什麼已經規定了男女平等在第七條，又另外跑出來增修條文第十條第六項的婦女地位的單獨宣示？這樣的宣示會不會與第七條相互矛盾，反而變成不平等的法律規範？更深入的問題是這樣的宣示是否默認我國男女地位不平等？**

筆者認為現有的憲法條文應該進行整併，將三個條文重新修訂，不但可以解除司法實務上望文生義和說文解字的傳統，也可以為未來的大法官會議解釋找到具體可行的操作基準。因為這樣的條文並不能夠說明郭冠英的歧視是來自於種族？或是出生地？或甚至是民族？這些都會讓郭冠英這樣的人有恃無恐，所以憲法必須修正，這

【註解】

[11] http://www.epochtimes.com/b5/5/9/26/n1065291.htm

也是當務之急 [12]。

這裡可以參考德國基本法的立法架構，來做為我國未來修憲上，平等原則的參考。**德國基本法第三條，第一款：所有人在法律之前一律平等。第二款：男女平權。國家應要求事實上男女平權的實現，並且消除現有對男女平權的障礙。第三款：任何人不應因其性別，血統，種族，語言以及出生地和祖籍，信仰或宗教及政觀點而被歧視或享優惠(benachteiligt oder bevorzugt)。任何人不應因為身體障礙而被歧視 [13]。**

二、族群平等法立法的必要性

因為郭冠英案件的發生，許多立法委員要求必須制訂族群平等法以規範如同郭冠英這類的有族群歧視傾向的行為，台灣新社會智庫則是以這方面的立法不必要，且容易造成政府的集權為考量而認為不需立法。筆者在結論上也傾向不應立法規範，理由如下：

第一點是台灣多年來的《時興式立法》和《拼裝車式立法》不但沒有讓台灣的法治建設有所進步，反而造成用法上的困難和體系的零亂。

【註解】

[12] 郭冠英在本案中之所以是種族歧視，是因為他認為台灣人是雜種，以及自以為是高級外省人，他歧視的是台灣人的血緣狀態非由中國大陸來的中國人種，所以由他的文章中，可以認定郭冠英有種族歧視。但若一般人的說法，這是族群歧視，其實族群地位比較接近政治認同傾向或是出生地，這裡反而在我國憲法沒有規定，也是明顯的憲法漏洞，這更證明了我國憲法的平等原則亟待補強。

[13] Öffentliches Recht , 16 Auflage , Nomos, 10.8.2007, Grundgesetz für die Bundesrepublik Deutschland

例如刑法與懲治貪污治罪條例，性侵害犯罪防治法，兒童及青少年交易防治條例，家庭暴力防治法，洗錢防制法，組織犯罪防治條例的關係不但是錯綜複雜，實務上運用屢屢出錯，法學院教學也有很大的困難，這些狀況到現在都沒有改變，而立了特別法根本上並沒有改變任何的實務上犯罪率的降低，反而造成司法實務不知所措，甚至必須重新適應的窘境。所謂的立法宣傳降低犯罪的效果不但未見功效，反而增加司法學界及實務的困難。

第二點是法律想要規範的狀況容或立意良善，但特別法立法往往被當作是這種不法情況嚴重，也對國家法治做了負面的宣傳甚至製造集體恐慌。

在德國筆者從來沒聽過要立什麼反法西斯法，或是反希特勒法，因為這些立法根本上是告訴大家，國家就是處於這個情況，有法西斯也有納粹，這對國家的形象是很大的損害甚至容易造成民眾集體恐慌。不談最近馬英九高呼台灣必須肅貪的即興式作秀 [14]，就談之前通過的財產來源不說明罪為例，這樣的即興式立法至今只有一個中國原則下的地區(香港，新加坡，中國或是澳門)才會立法 [15]，立這種法，不但可以說是全無法學基本素養的認知，也完全違背民主法治國家的刑事訴訟基本原則，程序法的不自證己罪和實體刑法罪責原則裡的規範期待不可能。

【註解】

[14] 關於這方面的問題，如馬英九痛陳台灣比中國貪污，事實上並不會給人民較好的觀感，反而是給了一個政府負面形象的宣傳，另外關於這個貪腐報告可能也有資料來源的問題。可參閱南方快報，Spieler所言，http://www.southnews.com.tw/polit/specil_a/059/00/00105.htm

[15] 可參閱維基百科財產來源不明罪的說明，就可知道除了英美法系而迴不相同立法的的美國以外，只有一個中國下的專制地區才有這種具備中國式特色的有違憲可能的法律。

第三點則是與其重視這種立法，不如用心在原有的法律執行的落實上，和國家政策的改變。

事實上我國憲法增修條文第十條第六款規定了婦女平等，甚至也有了兩性平等工作法的立法，勞動基準法也規定了勞工的權益，但為什麼屢見懷孕婦女被解雇或是在職場受到欺凌與性騷擾？重點就在於司法實務機關的執行不夠落實，國家對於法規範的執行程度極差，這些都不是立法就可以解決的，這些除了政府機關自身要強化公務員的責任以外，國家的政策也要正確，好的國家經濟政策自然可以造成這些狀況的改善，如何強化法律扶助，如何推行全國性的申訴機制，都是法律執行落實的重點。譬如郭冠英事件，新聞局不是沒有處罰的規範，但是卻遲到最後一秒鐘才處理，而馬英九也是都沒出來說話，最後才被逼著出來說話，這都會給像郭冠英這樣的人錯誤的訊息，也讓老百姓認為國家在包庇縱容。

代結論　具體的立法建議

本文首先針對郭冠英事件的脈絡做一個交代，而後簡析郭冠英事件涉及的法律問題。對於憲法平等原則的落實和條文整合，本文認為遠較一部所謂的族群平等法或是種族平等法來的重要。而為避免法體系的複雜化，本文也不認為制訂一部新法會是好的建議。

本文認為應先統合憲法上的平等原則，用以設定可操作的標準，然後針對現行法律加以落實執行或增修。而現階段對於公務員法尚無一統整性的法典，本文則建議先行修正公務人員考績法相關規定並同時增修刑法分則，在防止類似於郭冠英的語言暴力行為出現，促進族群和諧與平等並保障法和平秩序上會是較妥適的方法。

一、公務員法的整合

公務人員中立法，公務人員考績法，公務人員考試法，公務人員任用法，公務人員利益迴避衝突法，公務人員協會法，公務人員保障法，公務人員財產申報法，公務人員退休法，公務人員撫卹法，公務人員升官等考試法，公務人員俸給法，公務人員升遷法，公務員

懲戒法等攸關公務員權利義務的法規，應該加以整合，而不是散見在個個法規，導致適用時的雜亂無章，這些法規必須與現行行政程序法，行政罰法，行政執行法，行政訴訟法與國家賠償法的規定相互配合。從而避免學法的人不知道該怎麼學？用法的人不知該怎麼用？權利義務受影響的人不知該如何界定自己的權利義務？**但在我國有一套完善的公務員法典之前，筆者則建議在現行公務人員考績法做增補，防止類似郭冠英事件的再度出現，以下即為本文的立法建議：**

公務人員考績法十四條修正案第三項但書增訂	現行公務員考績法第十四條第三項	修正理由
考績委員會對於擬予考績列丁等及一次記二大過人員，處分前應給予當事人陳述及申辯之機會。 但對於情節重大，違反刑事法律證據顯然，而有停職處分之必要者，得先行經由主管機關長官核可，而由考績委員會予以停職。爲停職處分後，應給予當事人前項陳述及申辯之機會。 第十二條之一之違反，依前項但書程序處理。	考績委員會對於擬予考績列丁等及一次記二大過人員，處分前應給予當事人陳述及申辯之機會。	1. 對於情節重大，違反刑事法律證據顯然，影響國家形象及社會和諧至鉅者，應從程序上給予從速停職處分，而無待公懲會之建議後停職，以彰顯主管機關之權責。又爲保障當事人權益，需事後賦予當事人前項所給予之正當程序上之申述權。 2. 所謂證據顯然係指於公然處所可爲不特定第三人所知悉其犯罪事證，其嫌疑並可能使檢察官發動偵查。 3. 增列十二條之一之適用程序
公務人員考績法第十二條之一增訂 公務員爲人民服務，而非爲特定政黨利益。公務員必須以國家利益爲考量，而就其職務中立且公正執行。 公務員必須奉行，並使其行爲合乎維護國家自由民主法治基本憲政秩序之原則。 違反前兩項規定者，一次記兩大過處分。		本法係參照德國聯邦公務員法第五十二條及第五十三條之規定，明確揭示公務員之中立，民主，及政治立場之克制義務。

公務員人員考績法第十二條第三項修正	公務員人員考績法第十二條第三項	
非有左列情形之一者，不得為一次記二大過處分： 一、圖謀或以公然言論背叛國家，或煽惑外國(含中國大陸)攻擊我國而有顯然證據者。 二、故意不執行國家政策或違抗政府政令，或因過失疏忽職責或洩漏職務上之機密，致政府對外信譽遭受重大損害，有顯然證據者。 三、涉及刑事犯罪案件，或言行不檢，破壞行政紀律，致政府對內信譽遭受重大損害，有顯然證據者。 四、脅迫、公然侮辱或誣告長官，有顯然證據者。 五、曠職繼續達四日，或一年累積達十日者。	非有左列情形之一者，不得為一次記二大過處分： 一、圖謀背叛國家，有確實證據者。 二、執行國家政策不力，或怠忽職責，或洩漏職務上之機密，致政府遭受重大損害，有確實證據者。 三、違抗政府重大政令，或嚴重傷害政府信譽，有確實證據者。 四、涉及貪污案件，其行政責任重大，有確實證據者。 五、圖謀不法利益或言行不檢，致嚴重損害政府或公務人員聲譽，有確實證據者。 六、脅迫、公然侮辱或誣告長官，情節重大，有確實證據者。 七、挑撥離間或破壞紀律，情節重大，有確實證據者。 八、曠職繼續達四日，或一年累積達十日者。	1. 公務人員考績法第十二條第三項原條文欠缺體系，過份紊亂，茲將構成要件整併為五項，以供適用上之便利。原第一項，增加言論助敵與叛國言論，蓋因此等人已不適合擔任國家之公務員。第二項與第三項係故意違背職務與過失違背職務之規定，為免繁瑣，併為一項。第四項第五項規定者係同一事項，故予以整併。其餘條款保留。 2. 行政機關之處分，無須證據確實，而需與刑事法相區別，以重視行政效率為主軸，然民主時代，亦需保障公務員之人權，是以一方面於十四條給予正當程序之保障，另一方面於證據取捨上，以證據顯然為要件，使行政機關能裁汰不適任之公務員。

然而針對郭冠英這次的案件，公務員法整併將是治本的方法，而對於整併前，本文則提出修法草案用供參考，希望能在公務員法典整併前，暫時適用。

二、刑法分則的增修

由於我國刑法對於內亂罪章的構成要件，並未隨著民主化時代的來臨而修正，並欠缺種族或族群挑唆罪的規定，在台灣民主平等化的社會，保障人性尊嚴和族群平等應該是更重要的法益，所以參考德國法增修內亂罪與增訂破壞國家和平罪，一方面維護民主政體的延續，二方面保障各族群的平等及尊嚴。

刑法一百條 修正案	刑法一百條 現行條文	修正理由
意圖破壞自由民主法治國體，而以不合民主程序或忽略全民公投之手段，私通外國（含中國大陸）致主權有變更之虞，或以強暴、脅迫著手實行者，處七年以上有期徒刑；首謀者，處無期徒刑。 預備犯前項之罪者，處六月以上五年以下有期徒刑。	意圖破壞國體，竊據國土，或以非法之方法變更國憲，顛覆政府，而以強暴或脅迫著手實行者，處七年以上有期徒刑；首謀者，處無期徒刑。 預備犯前項之罪者，處六月以上五年以下有期徒刑。	原條文之規範之對象應為一般人民，然卻忽略政府掌權者背叛國家之可能，致本法適用困難，而欲適用時恐怕國家早已不復存setAttribute。特參考德國刑法八十一條第一款第二項之規定，重訂本項，並以《主權變更之虞》的具體危險犯構成要件作為審查基準，以民主程序和全民公投作為審查內亂罪是否構成之標準，俾便明確適用並符合國情。

刑法第一百條之一　破壞國家和平罪 下列行爲，爲破壞國家和平，處六月至五年以下有期徒刑 1. 煽動仇恨對於部分族群或要求以暴力方式或恣意措施對待該族群者。 2. 透過辱罵，惡意蔑視或故意毀謗部分族群，而攻擊其人性應有之尊嚴者 3. 支持武力犯台言論者 透過文字，聲音，電磁儲存資訊傳輸，相片以及其他相類此之傳輸方式而煽惑仇恨，攻擊部分族群，或是攻擊國家的，種族的，宗教的或是其他特定群體，或要求以暴力或恣意方式對待上述該群體.或透過辱罵，惡意蔑視或故意毀　謗上述族群，而攻擊其人性應有之尊嚴者。處最高三年以下有期徒刑或科罰金。 透過廣播，傳媒,網路以及其他電訊方法而傳述，或以公開陳列，張貼，展示或是其他方式傳達前項之訊息，或對於十八歲以下之人提供，傳達或其他方式，或著手於製造，獲取，交付，持有，提供，宣稱，傳揚，輸入或輸出，或以其他相類似之方式而爲前項之行爲，處最高三年以下有期徒刑或科罰金。 公開或以集會方式贊同，美化獨裁者,或否認專制獨裁政體支配下的各種反民主行爲，措施,犯罪行爲或違反國際條約之行爲者，處五年以下有期徒刑或科罰金。 公開或以集會方式贊同，宣揚或合法化獨裁者,專制獨裁政體的暴力及極權統治而傷害被害者的尊嚴者，處三年以下有期徒刑或科罰金。 預備犯前二項之罪者。處一年以下，六月以上有期徒刑或科罰金。		本法係參考德國立法例而增訂，在民主法治漸進之台灣，任何人所享有之法律上權利及地位均應平等，不應有所歧異，故增訂本項規範種族或族群挑唆之行爲,與敵對民主法秩序之行爲,本罪爲抽象危險犯，立法意旨以維護社會和諧，並保障種族及族群平等，與公衆和平法秩序。

06

從文學「隱喻」看：
「GGY」之「侮辱他人的言論自由」

作者：ideolotopia　圖：小麻子

郭冠英（Guo Guan Ying，GGY）被撤職、2009年3月31號返台，即受到「中國統一促進黨」的黑道圍侍，而躲藏在他所說的「鬼島」的台灣某個角落，「GGY事件」似乎已經平息了，但是郭冠英（Guo Guan Ying，GGY）眼中自己的「高級外省人」（范蘭欽之語），則向他瞧不起的「台巴子」、「雜種」（范蘭欽之語）爭取「言論自由」，弔詭地「捍衛羞辱台灣人的權利」。在鄭南榕20年前，以犧牲生命的代價，幫台灣人民爭取的「100%言論自由」的權利，在「郭冠英們」（GGYs）的手裡，「言論自由」卻變成了爭取「100%侮辱異己的言論自由」。

「分裂了瘋子鬼島仍是中國一部份。」(范蘭欽之《與瘋分裂》，
2005)

郭冠英（Guo Guan Ying，GGY）以范蘭欽爲名，用「瘋子鬼島」
稱「台灣」時，就是在使用「隱喻」（metaphor），然後利用「隱
喻」來進行「羞辱」。如果我們思考「GGY」有意義的話，正是
「GGY」作爲台灣歷史屈辱的象徵，以不同形式—從身體到精
神，從過去到現在，不斷地在台灣歷史中再現著…。這裡僅談論
「GGY」如何用文學隱喻，對人進行羞辱！

關於隱喻，我們先從希臘史詩，荷馬描述特洛伊戰爭希臘第一勇士
阿奇里斯（Achilles），他是這樣描述：「**阿奇里斯這隻獅子勇敢
地衝向敵人**」用「獅子」來形容「阿奇里斯」，就是隱喻的表達。
（我們可以發現這個定義下的「隱喻」，其實一點都不隱，其實就
是「明喻」，只是中文的翻譯，容易造成我們的誤解。）亞里斯多
德在《詩學》以及《修辭學》時，都提到隱喻，其特點是：用「形
象」來表達事物，將兩個意義分類上、遙遠毫不相干的東西，連結
起來，並獲得「鮮活」的意義。不過，文學修辭中的「隱喻」，不
僅用來生動地歌頌英雄；在評價人性怯懦以及殘忍時，我們會以動
物化的方式，去譬喻讓人難以忍受的行爲。比如說，：「**G君是隻
看到骨頭，就搖著尾巴的狗；見到比他弱小的的動物，開始吠叫
狂咬；遇到危險，則夾著尾巴，回去尋求主人的保護。**」這個將
「狗」和「G君」連結在一起，並用狗賦予人的個性進行「文字形
象化」，就是隱喻的作用。

我們看到上面這個例子，隱喻的「鮮活」效果可能造成了「誤
解」，而認爲「阿奇里斯就是獅子」「G君是狗」。因此，不難想
像，反對隱喻作爲「論證」的人，則認爲「隱喻」，脫離了「事物
命名的秩序」，無法滿足「意義種類歸屬」的要求。因此認爲：隱
喻是「不完全的類比」，只能放在詩歌的想像上。但是，**上面「G
君是狗」這個例子，我們看到不僅是「想像力」、「文學修辭」，
透過隱喻，還可以對人進行「侮辱」**。

在台灣，**洪秀柱曾罵「游錫堃是隻狗」**。這個將「游錫堃」和「狗」的形象連結起來，即是使用「隱喻」。也因為上面所說的「不完全類比」，所以「脫離真實」，因為大家都知道：「游錫堃」不是「狗」。根據洪秀柱對「狗」的偏好，所以游錫堃「比狗不如」，反過來說，「游錫堃是狗」變成「抬舉」或是對「狗的侮辱」。這種使用隱喻，曾出不窮地出現在政治修辭中，洪秀柱已經具體在操作隱喻，只是不知道這個叫做隱喻。而郭冠英（Guo Guan Ying，GGY）將「台灣」稱為「鬼島」[引：**「分裂了瘋子鬼島仍是中國一部份。」**(范蘭欽之《與瘋分裂》，2005)] 將「台灣」形象化，將我們帶向了那個「惡魔幽靈充斥的島嶼」想像中。也就是這個隱喻，在政治修辭上感染了我們，陷入了「被羞辱」的情緒當中，當然也有人大聲叫好，希望能繼續、加重還在高漲中的羞辱。

因此用於「羞辱」的隱喻，展現的不僅是詩歌修辭的華麗生動，還是一個話語權力的競技場。一旦，我們**將隱喻放到言論自由**上來看，我們要問的是：**我們是否有使用隱喻的「100%言論自由」？或是法律可以規定隱喻的使用嗎？**有人試圖將隱喻徹底詩歌化迴避了倫理的向度，或是將隱喻詩歌的想像放在道德控制下，這兩者都涉及到言論自由的限度與規範。這種單面向的「普遍化」，忽略了隱喻「使用者（人）」在權力位階上的差異。

「言論自由」主要用來保障的是「平民、弱勢者的發言權」。強權作為一個壓迫者，不需要「爭取」100%的言論自由，常在慣見權力與媒體結合下，這些「有權力的人」是言論的控制者、製造者、規範者，只有被壓迫者、異議者言論被箝制的人，才真正地需要言論自由上的法律保障。並且在他提出反對意見時，完整積極的言論自由權利，可以讓他免於權力以「社會安全」為名的壓迫。就是這種權力強弱下，我們對「言論自由」必須有原則性，不能一視同仁。試想，一個「高官罵人民是狗」我們容易想到的是，上對下的壓迫；而「人民罵高官是狗」，我們傾向認為是，這是人民不堪欺壓的不滿宣洩。一旦，當對後者用「侮辱官員」來辦案時，不僅小

題大做，也難脫權力壓迫之嫌。因此，這個「用狗（動物形象）罵人」隱喻的言論自由，相對具有所謂文化教養的人，會嗤之以鼻，但是這個「用狗罵人」對弱勢者非常重要，不僅這是他們無法使用「高級語言」進行論證，為自己的辯護；而且弱勢者通常在受辱時，很難有社經條件為自己辯護。這個「罵豬、罵狗」不但是弱勢的語言，還可能是弱勢者受苦時呼聲。基於此，弱勢者的100%言論自由，才必須獲得最大的容忍與保障。反之，則不然。

如果我們不健忘的話，馬英九任台北市長任內，曾經對溪洲部落的原住民說：「**我把你們當『人』看**」，這言下之意就是，對馬英九而言，「原住民不是人」。在這個脈絡中，他同樣將其「原住民」和「人」隱喻化，當我們說，隱喻將「遙遠的、毫不相干的東西連結起來」，似乎馬英九「很努力地」利用想像力，將「人」與「原住民」連結在一起，正是馬先生的這個「努力」，對原住民造成了屈辱。法國總統薩科齊（歐洲版的 GGY），在面對人民的抗議時，罵了一句「殘渣、敗類 (racaille)」（這個詞根rac來自於德文「racker」，可以在古英文「rack」，指的是「狗」間接地追朔到拉丁文「canis」一意思是：「狗」），引起了法國各界的韃伐。在此筆者也對狗，在面對人類中心主義的歷史遭遇，深表同情）。上述這兩個例子，應該被「100%的言論自由」所保障嗎？不管是馬英九還是薩科奇，他們都是以上對下進行屈辱，他們都沒有道歉，也沒被懲罰，但是他們的確也羞辱了人，被羞辱的人在社會上卻沒有太大的聲音，只是在歷史添加一兩筆「羞辱經驗」的例子。

回到郭冠英，回台後立即「銷聲匿跡」，我們不僅要對「GGY消失」感到質疑，除了藍綠不同政黨，對「GGY消失」的政治利益盤算外，我們還需要擔心的是，郭冠英的所伸張的「言論自由」，是否也因此被圈禁起來了。在被黑衣人帶走後，也使我們對郭冠英的「人身安全」感到憂心啊！難道言論自由是透過黑道所保護的嗎？還讓人憂心的是，他的沈默與消失，可能還代表著那個「集體瘋狂」的心態，伺機安靜地算計著下一步。

當郭冠英作為一個平民百姓後，我們的問題不再是「個人的」GGY，而是一個「集體的」GGY，以及「GGY」作為一個台灣文化記憶「屈辱的象徵」。需要大聲疾呼的是，平民的郭冠英之「言論自由」必須被保障。但是，絕對不代表我們就必須接受他的言論、承受他的屈辱，他因為「言論自由」所招致的批評或是屈辱，也必須用同樣的標準：「完全尊重他人的言論自由」來看待。就「超克GGY」精神來看，我們「完全不鼓勵」這種建立在屈辱上的言論自由。但是在「制度」上，必須能夠保護所有的「弱勢者」(相對於政府的人民、資源稀少的族群、勞工相對於白領等)，對強勢者「罵豬、罵狗宣洩不滿」(如人民罵政府)，所使用的任何形象化語言—隱喻，有「絕對的言論自由」。

在鄭南榕爭取「**100%言論自由**」時，他看到的是：**強權壓迫下，人性因為噤聲而被屈辱**；而郭冠英及捍衛他的「GGYs」，則是說100%的言論自由，卻是可以**盡量依附強權，努力地羞辱異己**。兩者提供了我們不同的借鏡。

07
如果郭冠英是歐洲人
談談歷史記憶法

作者：仏國喬

自稱歷史學者的郭冠英，這幾年最戮力經營的主題，無疑是二二八事件，並且爲之寫下許多名句，諸如「228飼賤是近年來最大的騙局，完全捏造。」(否定大屠殺存在)、「高雄、台北、基隆、嘉義打殺最烈，也不過死300人」(大事化小)、「蔣介石不但不是二二八的元凶，還是鎮壓皇民暴徒…的元魁」(贊揚屠殺)、「陳儀是愛民清官，蔣介石、陳儀當時處理也極對，其錯最多只是誤判寬仁。」(爲屠殺辯護)。

適巧，2003年1月30日，歐洲議會針對網路犯罪進行跨國協定，其中「關於種族主義、仇外主義行爲的入罪化」條之第六款，即是指出「對種族大屠殺或反人性罪進行否定存在、大事化小、贊揚、辯護」的罪行，目前歐盟中有24國簽署該文件，並各自進行立法，或早已立法了；也就是說，郭冠英因具有公務員身份，方能在台灣驚世駭俗，假設換個時空背景，作爲歐洲人的他仍使上相同的皮條與脾氣，不用具有公務身份，就會觸法的。

歐陸文明是不相信「百分之百的言論自由」那套的，因爲這種自由從來不可能實現，我們有在戲院亂呼「失火了」的言論自由嗎？我們有在法院做僞證的言論自由嗎？自由的實現，從來只能在某種社會約束下才有可能。

比如，希特勒的《我的奮鬥》原書，至今在歐洲許多個國家仍是

禁賣品，包括其原產地：德國；在法國，必需加上法院要求的11頁「道德訓示」，才能讓該書上市；而發表「否定二戰的猶太大屠殺」的言論，在歐洲更有十四個國家是可處以徒刑。

關於新聞媒體的言論自由，法國是以《1881年7月29日法案》進行規範，其第24條款表示：「針對一個人或一個團體，以其出身歸屬，或不歸屬於某個民族、族裔、宗教為理由，所引發畸視、恨意、暴力，將可處以監禁及45000歐元罰金，或其一。」第24條款之二則是：「爭議反人性罪的存在與否，也由24條款罰之，該反人性罪依1945年8月8日倫敦協定所附屬的國際軍事法庭章程第六款所定義。」

記憶法案

這種牽涉到歷史詮釋的法案，我們稱為「記憶法案」，它們通常是針對特一歷史事件，透過法條，來宣佈或是強加一國的官方觀點，極端而言，這樣的法令也會禁止其他觀點的表達；當然，這種歷史記憶法案是歐洲的特產，在美國是不存在的。

以法國為例，有四個記憶法案，分別介紹如下：

一、《1990年7月13日法案》：即所謂的Gayssot法案，由法共國會議員Gayssot所提出，因本法案才出現上述的「第24條款之二」，本法案是用以壓抑仇外主義、種族主義、反猶主義的言論。

二、《2001年1月29日法案》，即承認亞美尼亞大屠殺法案，但僅止於承認，否認此大屠殺者目前並不會受罰，2006年，國會欲將之納入上述「第24條款之二」，已進行一讀，到因親土耳其人士、終端自由主義者的阻擾，現在仍躺在參議院內。

三、《2001年5月21日法案》，即所謂Taubria法案，本法案用以確認過去的奴隸販賣為反人性犯罪，也納入「第24條款之二」機制，也

就是說,在法國公開否認奴隸販賣史實,是有坐牢之虞。除了制止面外,該法案尙要求將這段歷史納入義務教育,並設立廢奴紀念委員會。

四、《2005年2月23日法案》,保護的對象是法國殖民史中的殖民土著,本法案規定論述他們對法國的貢獻,必需採取正面態度。比如,任何以harki(北非殖民地之土著軍人)身份爲標的所進行的毀謗,甚至只是爲毀謗所進行的辯護,都是犯行。

可想而知,這些法案的通過,都是爭議聲不斷,特別是從法國本土的歷史事件,立法立到外國的歷史事件去;從禁止持否定態度,立法立到規定要以正面態度觀看某個事件。最有力的反對團體,是始於2005年以19名歷史學者爲首「讓歷史自由」(Liberté pour l'histoire)請願運動,該團體以民主之名,要求廢除上述這些法令;但也面對左傾的歷史學同僚的反對。

這些法案明顯是用來讓(極)右派人士閉嘴,但法國的記憶法案也已立到有點匪夷所思的境地,連左派媒體也開始質疑立法過當;最後,2008年11月,國會認爲目前的法案已完備,決定不再進行其他歷史記憶法案的討論。

二位標誌性的反對派人物

觸犯這些記憶法案最有名的二位人物,都是高級知識份子,Robert Faurisson是文學院教授,Bruno Gollnisch則同時是國際法與日本史的教授(這才叫才子!),前者是法國最知名的大屠殺否定論者,至於後者甚至不是否定論者,只是懷疑論者,但在法國也足夠被判刑了。

Robert Faurisson之所以聲名大噪,是始於1979那一年,在《世界報》投書否定毒氣室的存在、否定希特勒有意屠殺猶太人。「出名」後,他馬上受到人身攻擊,大學爲了安全,指派他遠離校園教書,

但1989年，他仍被一群人「圍爐」，打到下顎斷裂，這群人至今身份不明，只留下「猶太記憶之子」(Fils de la mémoire juive)名號。

1981年，他被判處有罪，但經上訴，僅處以象徵性罰款；1990年，Gayssot法案已通過，他仍執意發表「有極佳的理由不相信有滅絕猶太人的政策」，結果被以「爭議反人性罪」之名，判處罰金及緩刑，刊登該訪問稿的月刊主編（郭冠英事件中聯合報與楊渡的角色），被罰以更高的罰金。1996年，聯合國尙爲此判決發表聲明，表示法國此舉並未違反國際協定。同年，Robert Faurisson再次發表類似言論，第三度被判處罰金。

2005年，他接受伊朗電視台訪問，表示納粹曾尋找一個「領土的解決方案」，來安置猶太人，並無意去滅絕他們，不幸地，因這電視台在法國是能接收到，於是又是罰金、又是緩刑。2006年，他跑到德黑蘭參加「大屠殺學術研討會」，想說應該沒事了，但法國總統還是公開指示要盯住他，目前仍在司法調查階段，一旦找出該言談在法國境內複製的案例，即可起訴。

相對於Robert Faurisson自稱對現實政治冷感，另一位人物Bruno Gollnisch則是極右派政黨的大老，並長期擔任歐洲議會議員。

2004年秋，他所任教的里昂第三大學發表一個關於種族主義與大屠殺否定論的歷史調查報告，名爲羅素報告，Bruno Gollnisch在之後舉辦一場記者會表示：「我承認有集中營的悲劇，…然而，作爲一位歷史專業者來判斷，討論應該是要能自由的，並且不該受到共產主義者所提出的法案所威脅，如同那個Gayssot法案。」「羅素先生是位令人尊重的猶太裔歷史學家，是『大屠殺否定論者』的公開對手，但他作爲一位猶太人的這一個事實，可能會被認爲這位歷史學者以反對者立場介入了任務所託。…這是球員兼裁判…令人質疑該報告到底能達到目的否。」對毒氣室存在與否，他說：「這讓歷史學者去討論…至於我，我不否認毒氣室的存在。」「毒氣室的爭辯

屬於歷史學者，五十年過去了，對我而言，似乎是辯論可以自由展開的時候了。」

這些看來似乎是小心翼翼的言論，卻在法國社會引起極大的厭惡感，直指為醜聞，甚至與「大屠殺否定論」劃等號。

事發隔日，Bruno Gollnisch加碼表示：「有許許多多的集中營，但在那裏，一些正規的歷史學者表示最後沒有發現毒氣室。…我說過我對這個主題無能為力，我不是這一行的專家…但我認為辯論必需要能自由，因為有些歷史學者有不同意見。」（因最後一句並非事實，成了判他有罪的根據之一。）

幾日後，十來名來自反種族歧視團體及左派政黨的人士，進學校阻止Bruno Gollnisch授課，里昂三大校長便以「失序的多種危機」為由，停其課一月；但當Bruno Gollnisch重返校園後，抗議又起，教育部長只好以「行政服務利益」之名，暫止其教學；2005年春，他被里昂三大之紀律委員會宣判「退學」五年，他於是上訴到「研究與高等教育國家委員會」(CNESER)。

2006年5月，CNESER的判決出堂，維持里昂三大原案：五年「退學」，期間付半薪。理由主要是：僅以猶太出身為由，質疑同事的研究品質，此乃種族歧視，並且違反了大學的研究倫理；此外，關於毒氣室等，使用混淆視聽的言談，掖助大屠殺否定論，明顯犯了紀律上的錯；2008年3月，國家委員會(Conseil d'État)維持CNESER的判決。

除了被行政制裁外，他也被法院判為有罪，處以三個月緩刑、五千歐罰金、五萬五千歐的傷害賠償金給九個民間團體，以及支付報紙刊登判決結果的費用。法院雖然認為他不同於一般的大屠殺否定者，但卻使用一些掩飾的手法，暗示出一些質疑，是故還是有罪的；上訴後，仍維持原判。Gollnisch的律師目前考慮再上訴到歐洲人權法庭。

有效嗎？

以法令限定公開言論的範疇，會有效嗎？當然會有效，極右份子的氣焰不至於太猖狂，Robert Faurisson至少在緩刑期不敢大放厥詞，Bruno Gollnisch必需如此拐彎抹角，法國社會沒有一卡車的郭冠英，也沒有一堆人跑出來替法國的郭冠英撐腰，皆拜此法所賜；但同時我們必需看到另一黑暗面：相關法令的處罰，也厚植了極右派的政治實力。

比如，戰後的法律系統對納粹最嚴厲的，莫過於奧地利，她的憲法是有名的反納粹憲法，禁止任何對納粹同情的意識型態；但是，我們卻看到了27%的奧地利人投票給極右派，而後者的確是以相關法案「不足自由」為由，而逐漸匯集了向心力。相同地，Bruno Gollnisch也沒有被Gayssot法案打倒，反而成為某些人心中的英雄人物，歐洲議會議員仍連任成功，今年的連任選舉也應無問題。

不論有無記憶法案，吾人都不能禁斷郭冠英這樣的人在各國出現，記憶法案也不能被視為找回記憶秩序的唯一方法，它有時反而會在偏激份子圈內製造受難英雄，甚至進一步對種族運動推波助瀾。其實，對付這些人最好手段，不是入罪化，而是論辯之、嘲弄之，以言論自由打擊這些言論自由的濫用。

不論記憶法案有無在台灣推動，這樣的工作都不能有停止的一日，入罪只能治標，論辯才是治本；這也是我們出版《超克GGY》的目的。台灣沒有記憶法案，以論辯補救正義的必要性更大；那些不關心記憶遭扭曲與傳播，就呼不要再論辯了的人(見本書之《郭冠英事件簿》)，不僅GY，而且都是GGY：真(gin)GY。

08
穿著夏姿服飾的「郭冠英」

作者：髏歷塔 & Shinichi

如果，薩依德（Edward W. Said）的「東方主義」（orientalism）指涉的是一套西方人建構出的東方認知與話語系統，並在這套刻板過程中，東方為了迎合西方人眼中的東方，屢屢也不自覺地「再現」了西方刻板下的東方形象，並由這套認知與再現，合理化了西方相對東方的優位，並遂行對東方文化和殖民的宰制。

同樣的，自詡為「高級外省人」的郭冠英，或是在台灣一群以「中國人」自居的人，他們想像並再現的「中國」，往往遠非當下如實的中國，而毋寧是一種「想像中」的中國，並透由再現的過程中，產生一種類似薩依德「東方主義」效果的「中國主義」，或者稱之為「秦阿主義」（Chinaism，台語發音的『秦阿』，即是"China"／「支那」的發音，有一說法指稱 "China" 乃是秦朝統一「中國」後而得名）。

夏姿的「秦阿主義」

約莫就在郭冠英事件發生不久後，台灣服裝品牌夏姿以販賣「中國風」的方式，再度進軍巴黎服裝市場。夏姿對外宣稱，他們是秉持著創造「華夏新姿」的精神，企圖作為品牌包裝，進軍國際市場。然而，夏姿服飾此種「華夏新姿」的自我定位，與郭冠英這輩子最大的心願，居住在統一後的「中國台灣省」，其實都是某種程度「台灣就地『中國化』」的心情折射。暫且不論此種把「台灣就地中國化」的想像有多麼粗暴，又是多麼缺少對差異和多元的尊重，但就連他們想把台灣「中國化」的「中國想像」，也與對岸「真正中國」有著實際的落差。

值得提出疑問的是，夏姿以「華夏新姿」的服裝設計作為對中國的再現跟凝視，並在巴黎展秀給西方人觀看，事實上不過是一種擬似「秦阿主義」的翻版，並在再現過程中將台灣經驗與歷史給「他者化」，甚至將多元與歧異分雜的「中國」給單一刻板化。

根據報導，3月12號，夏姿在巴黎發表2009秋冬「時」裝秀：

「2009年秋冬的夏姿新裝，以「詩路」為主題，創辦人王陳彩霞表示，中國古代經由絲路將東方的珍貴絲綢商品輸往西方，透過絲路讓西方看見東方文化藝術，所以夏姿新一季的設計是以湛藍神秘的月牙泉與蒼茫大漠色彩為主要基調。

夏姿的時裝發表會中以琉璃藍、榴花紅、藏青、葉綠等色彩運用在箱型、倒梯形等50年代經典結構輪廓上，也以唐朝高腰筒形線條、中式交錯襟細節顛複傳統造型及簡單俐落的設計加上刺繡圖紋，表現出唐朝的高雅生活情調，以及纖細摩登的新女性形象。」

夏姿在1978年由王陳彩霞創立，一直以生產改良式「中國服」為主要設計，在1989年參加「台北國際紡織週」動態時裝發表會，以「赤」字為主題，將中國人較熟悉的事物，如西域敦煌的佛教色彩、中國邊疆民族的豪放灑脫、赤燄中再生的火鳳凰、西天取經的虔誠與求真等，表現在服裝展示上，希望能創造出中國人穿的藝術風格。至於1990年參加第四屆的「台北國際紡織週」的「國內設計師作品動態展」，則是以「地球環保」及「中國青」的流行意識來做創作。

對於夏姿歷年來服裝設計的主題，個人一直有一些疑問，那就是夏姿一直不斷闡述她們的設計理念是以中國五千年文化做為出發，希望做出「台灣獨創的中國服裝」。然而，胸懷國際的夏姿，卻是在中國歷史中尋求設計的靈感資源，並常常依託「西域」的想像。

以夏姿2009年的設計理念來看，他們透過「詩路」的中西交往歷史，企圖勾串起中西雙方的文化親近感；然而，夏姿以服裝風格爲表現的「絲路」再現，其背後的「思路」想像，卻是相當狹隘的以「中原」爲出發點。

「夏姿」服飾，原本希冀由「台灣獨創的中國服裝」，來證成台灣不管在文化上、血緣上、地緣上、甚至未來，都與母體中國具有不可分割的延續性，努力替「華夏新姿」注入台灣新血。但，必須指出，夏姿這樣的努力，正好是將「台灣」排除於其設計的想像之中。

首先，是以中原爲中心的中國，西域絲路是其通往西方的路徑，也是所謂「西方」進入東方的渠道。但事實上，此種中西交往的西域經驗，在現實上根本沒有以台灣爲原點、海路爲渠道的輻射狀東西交流歷史可容身之處。撇開台灣考古學家，近年從全台各地出土的種種文化圈遺址中，拼湊出年代久遠的台灣原住民東西交往歷史，端就粗暴的「漢人中心」歷史，台灣過去這四百年來，打從鹿皮貿易、武裝商人（海盜）在台灣的活動出沒，甚至後來荷蘭東印度公司在台灣設立的貿易據點，「海路」這條把「台灣」給輸送到西方，把西方帶進東方的「航道絲路」，爲何沒有成爲夏姿的「思路」，並以服裝風格再現於巴黎呢？

雖說夏姿服飾希望做出台灣獨創精神，但台灣卻不見容於夏姿的設計理念，在這條「詩路」的設計概念上，台灣幾乎是地處邊陲幾乎不存在的。以台灣作爲東亞貿易中心，鄭成功的海商貿易集團、荷蘭東印度公司，及其攤開的在東南亞貿易路線的歷史，夏姿設計理念中是空白不存的，因此總是很自然地跳過台灣，她們所謂的「中國」，其實剛好是不包括台灣的。

再者，退一步而言，夏姿於巴黎的中國再現，其實也僅止於「內地中原」和「大陸本位」的想像。就中國歷史看來，在漢武帝擊敗

匈奴開通西域之後，在幅圓可及的世界中，已不存在可以相抗衡的對手，中國爲中心的朝貢體制就此確立。爾後，「西域」這條「絲路」熱絡，在盛唐達到高峰。當時盛唐時期所流行的邊塞詩中，其描寫的意象，幾乎都是在積極參戰過程，進行所謂「民族交流」，白話一點，則是戰爭下的征服。

不可諱言，在中國所謂「漢唐盛世」中，「西域」乃是中國跟西方的重要交流渠道。中國的經濟重心一直在北方，儘管後來隨著南北朝的歷史序幕拉啓而南移，但或許由於「外患」以北方居多，故行政中心仍舊座落於中原。

不過，由於13世紀福建泉州（莿桐）成爲世界第一大港，加上明成祖發動的靖難之役，還有鄭和七下西洋的歷史篇章也於1405年開始啓程。於是，福建、廣東作爲「僑鄉」的歷史也逐漸開展出來。由於這個原因，唐朝之後，中國在中原地區以外的東西貿易，便藉由海路蓬勃發展，這點端看全世「茶」的發音皆以粵語的 "cha" 跟閩南語的 "thee" 就可以知道。但這條東西海路渠道，根本就不存在於夏姿以服裝作爲再現的「中國」視野之內。

縱使明朝三寶太監鄭和七下西洋，有意無意間確立了中國爲中心的朝貢體制，但是「朝貢體制」背後的經貿利益和功能，也因此愈加凸顯、成熟與複雜。不過這種以自我爲中心的天朝概念，也逐漸隨著參與「朝貢制度」的國家數目和地區的拓邊跟扣邊之後，逐漸有了「去中心化」的可能。一旦天朝失去作爲中心的地位，真正的多元跟眾聲喧嘩才可能出現，也才得以學會彼此尊重。

不幸的是，隨著海路暢旺、西方海權國家的翩然到訪，中國歷史過往所謂「漢唐盛世」也就不復見了。因此，夏姿服飾「絲路」背後的「思路」，暗示的是過去「漢唐盛世」的想像和榮光；但「海上絲路」的興起，卻是中國逐漸從中心獨霸的位置走下的天朝帝國衰微史。

穿上「夏姿」服飾的郭冠英

2008年1月，第37屆的荷蘭鹿特丹國際電影展中，上映了一部中國年輕新銳導演翁首鳴的—「金碧輝煌」（Fujian Blue／福建憂鬱），並在片中道盡了西方對「中國想像」，以及此刻的中國政府皆是以北京和上海等政經中心為形象營造的狹隘荒謬與不真實。福建憂鬱再現的是福清、平潭、長樂等移民偷渡的僑鄉，及其海外移民背後的辛酸，以及由這些辛酸血淚換來的大量海外「僑匯」所堆砌起來的本地高樓。片中的無奈與荒謬場景的配音，竟是從收音機不斷傳出的李敖大師在北京清華和上海復旦大學演講中，一直吹捧的「現在的中國，乃是漢唐以來的盛世……」云云。

「西域絲路」的思路背後，指涉的是在戰爭與侵略所堆砌起來的「漢唐盛世」下的中國／中原中心。夏姿，在世界服裝中心巴黎的「中國再現」的「思路」，是一種大漢民族自我中心的表現，它不僅壓抑排除了位處邊陲的海路東西交往歷史和文化，遑論是孤懸東亞海路中心的台灣！

若是夏姿服飾希望透由「台灣獨創的中國服裝」來打造「華夏新姿」，只能借鏡「西域絲路」背後的「漢唐盛世」之思路，則不過另一種寄生於當前「中國崛起」下風景而來的想像再現。此種再現，不僅是對於一種壓抑更多元，以及更貼近中國人民現實之「秦阿主義」（Chinaism）的呼應，同時，更不可能透由此種「絲路／思路」再現，將台灣含括進其「中國」的想像版圖中。

於是，夏姿在巴黎的服裝秀，也就間接點出郭才子冠英在《台巴子要專政》一文中「武力保台後，要對台灣鎮反肅反好幾年」的說法；畢竟，台灣早已跟中國走上人鬼殊途的分道揚鑣的路子上了。如果，鎮反、肅反是為了清算屠殺反革命之階級敵人，那麼郭冠英筆下的鎮反肅反，即是戰爭侵略下的敵我矛盾之必然？！也只有這樣，台灣才能在武力的清洗下，重新被綁架在中國的文化想像和政治架構之下。

其實，郭冠英跟夏姿，早就都看出不論在文化表現上、抑或現實政治上，台灣已不可能是中國、也不再是中國的一部份。他們內心早就對此了然於胸了，不是嗎？！ 果若如此，夏姿想像的背後是漢唐倚恃武力崛起的西域「思路」，則郭冠英筆下的鎮反肅反此種充滿殺氣的語言，則是對當下「中國崛起」的一種呼喚，以便對早已偏離中國軌道的「鬼島歹丸」的一種教訓。

如果，惡魔吹著笛子而來，那麼，郭冠英則正穿著夏姿服飾翩然起舞著？！

09
GGY在哪裡？

作者：比利星人

范蘭欽宣稱自己「出櫃」的那天，我剛好去上一堂名為「文化、認同與集體行動：一個歷史研究的觀點」的最後一堂課，那是專門研究社會運動的胡利歐教授開的課，那天我們討論的焦點好死不死，就落在台灣的獨立運動議題上，教授問了我一個問題：「你認為你是台灣人，還是中國人？」（¿Te parece que eres taiwanés o chino?）我還沒回答前，幾個瞭解我立場的西班牙同學就搶先替我回答，當然是台灣人。是的，就是這麼簡單的問題台灣人都搞不清楚，這個台灣議題成了我們結束這堂課最好的總結：Identidad---認同。因為談到了台灣獨立運動的兩個環節，一是爭取國際社會認同，另一個問題我們老師一針見血地點了出來，就是台灣眾多有形無形的「范蘭欽」們。

馬當選後，歐盟地區許多國家開始在台灣人的居留卡上國籍欄產生微妙的變化，西班牙這個歐盟內最挺中國的國家，當然也不例外，悄悄地國家一欄由TAIWAN，變成 TAIWAN,CHINA，且只有西班牙內政部的電腦如此，明明鍵盤敲入TAIWAN，銀幕也只有TAIWAN，但是奇怪地列印出來就會自動加上字尾CHINA，西班牙內政部電腦彷彿內建了「范蘭欽」一般，如此地理解台灣馬統心底的吶喊，自動地給顯現出來。

話說認同是一個恐怖的教育建構過程，有幾個來這裡留學的台灣學生，具有堅定的台灣認同，出門在外碰到人一定說是台灣人，但是，當到了西班牙的外國人辦事處填寫局留申請資料時，「習慣」

地填寫國籍TAIWAN加上刮號R.O.C.，想當然爾取得正式居留時國家欄大剌剌地被寫上CHINA（連國家代碼都是CHN而不是台灣的TWN），而不是現有版本TAIWAN,CHINA，既使他很清楚台灣的立場，也支持台灣，但范蘭欽已經深埋在他內心深處成為習慣、自然反應的一部份，在不知不覺中就會自然流露出來，范蘭欽早就成為許多台灣人們血液裡的一部份，這就是范蘭欽的屬害，一種GGY的情節並成為自然的反應動作之一。

課堂上我們談到有沒有解藥？教授問我在台灣的移民先後大約到達的時間與台灣解嚴的時間，搖了搖頭，彷彿讚嘆國民黨「范蘭欽」們的功力深厚，想拔都拔不掉，最近剛好在讀一本西班牙馬德里研究東方移民的Glady Nieto教授，寫的一本關於中國移民在西班牙，他形容移民到國外的中國人是一個「對他的國家（中國）充滿依戀的移民社群」，政治上他在書中區分了中國與台灣的移民，但大部分章節對於中國與台灣並沒有明顯的區隔，尤其移民後代的教育上，由於台灣的海外移民較早於中國（中國的西班牙移民大多是近十年來移居西班牙的經濟移民），因此西班牙的所謂華僑學校，較早期都是台灣移民所設置的，由使用的教材都是注音可以辨識得出來，該研究中談到這些海外「華人」如何建構下一代的國族認同，課本不斷地重複我是中國人，我們都是中國人，我是在海外的中國人，我愛中國，也愛本地國（西班牙）…，不只一本課本如此，每本幾乎如催眠一般，不斷地重複這些字句，已經過份到帶有一種國族主義的色彩了，還記的小學的作業本後那一排永遠不變的對聯「做一個堂堂正正的中國人，作一個活活潑潑的好學生」，中國人＝好學生，好學生當然才是中國人，而且是堂堂正正的中國人（高級外省人？），那壞學生呢？其他中等的學生呢？就變成陰陰沈沈的壞學生嗎？或者理所當然就是范口中的「台巴子」？

國族主義轉化成GGY生根無所不在，如很多人習慣用本省、全省、大陸等字眼，說台灣光復不說終戰，認為是國民政府遷台，不是戰敗逃難來台（彷彿中國還是我們中華民國的）…，一個中國的范蘭

欽陰影深植在人心深處，不時會探頭出來問候大家，也成為習慣無所不在，我找不到解藥，於是我回過頭來尋找IDENTIDAD這個字的原始字意，希望能夠看見一線曙光，根據西班牙皇家學院的字典對Identidad該字的解釋主要有下面幾個詮釋：

1. 個別、私人，或者一個社會（共同體）的特質顯示出來的集合體，面對其他的（人或共同體）。
2. 一個人具有與他人相同和不同的意識。
3. 尋求或設想彼此相同的事物或相同是誰的行為。

是的「范蘭欽」就是第一點中所說的其中一部份社會顯示出來的特質，但問題是他企圖代表全部的集合體，第二點說明的是Identidad必須同時具備與他人相同於不同的部分，但范蘭欽的觀點認為「我」就是與他人不同與相同的全部，第三點是必須產生行為去尋求或設想彼此的共同點（因為每一個人都是一個有差異的個體），范蘭欽的行為就是建立彼此的共同點，但去除個體的差異，一起高喊我們都是范蘭欽（Identidad）！原來這就是范蘭欽啊！
接下來要如何下藥，拔除台灣人心底、血液裡的范蘭欽，確實要下一番功夫，但感謝郭冠英先生，揭開了范蘭欽的面紗讓我們有機會面對台灣人心底的范蘭欽，好好地審視一番。

燒一帖符和熱水服下，急急如率令！去去去，滾蛋吧，范蘭欽！

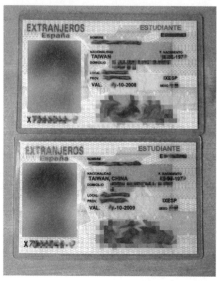

10
為講真話的郭冠英評評理！

作者：Shinichi　圖：打果泥

筆名范蘭欽的郭冠英，在部落格發表的文章——《台巴子要專政》一文中提道：「武力保台後，要對台灣鎮反肅反好幾年。」此話一被揭露，想當然爾地也引起輿論許多的撻伐。

「鎮反」指的是1950年12月至1951年10月，在中國展開的清查和鎮壓反革命份子的政治運動。「肅反」指涉的是，1955年至1957年中國共產黨領導下人民展開肅清暗藏在黨政機關內部的反革命份子的政治運動。由此看來，鎮反和肅反皆是面對和處置階級「敵人」的方法。

職是之故，郭冠英的一席：「…武力保台後，要對台灣鎮反肅反好幾年。」的說法，剛好證成了台灣跟中國，根本是處於敵對狀態之下。而住在「鬼島歹丸」的「台巴子」，正是郭氏筆下應該要被鎮反肅反的「敵人」——正是因為，「台巴子」和「鬼島歹丸」只能是真正的「中國」和「中國人」的「他者」，因此，透由鎮反肅反的力量，才可以將「他者」異類給滌清乾淨。

然而，諷刺的是，「鬼島歹丸」會成為中國的永遠「他者」，正是蔣介石落跑轉進台灣之時，國共兩黨在中國大陸上頭的「內戰」形式，亦就隨之轉化成隔著海峽兩岸的「國境戰爭」的型態所演變。

從「內戰」到「國境戰爭」

事實上，台灣作為一個「現代國家」的基本配備，是在「國民黨」

手中打造出來的，不論，國民黨叫它為「中華民國」或「自由中國」的名稱。從「國共內戰」演變成「兩個國家間」戰爭，其實早在1959年4月，外交部為了澄清國際上對「兩個中國」的疑慮，要求各單位涉外之時的名稱必須有所更動統一。早先，國際上稱呼中共控制下的地區為「Red China」(紅色中國)，抑或是「Communist China」(共產中國)，國民黨自我宣稱以及外國媒體都用「Free China」(自由中國)來稱呼，如此便形成了國際上對「兩個中國」並存現狀的認識和接受。基於此，外交部便通令各部會機關，以後對共產黨中國稱之為「The Chinese Communist」(中共)，並要求我方必須自稱為「The Republic of China」。

外交部此一通令，剛好坐實了「兩個中國」的現實，不論是基於心理上的自我安慰，或是基於意淫的自high，抑或給是小民們一種不實際幻想以作為統治的需要，此一頭銜稱呼的統一化通令，在在說明了台海兩岸，早已經區隔分殊出兩個不同的國家。

再者，正是因為戰爭，抑或更具體的說，因為「內戰」轉變成「兩國間戰爭」，才足以在理論上解釋，為何在中國國民黨中國大陸上頭被共產黨打到抱頭鼠竄、落花流水的不堪，竟然在退至台灣之後，其表現有著雲泥之別──在國家有效統治以及經濟表現等等兩個指標上，皆如此。換言之，同一批國民黨官僚，在中國大陸土地上跟在台灣土地上，兩者前後表現的差別，究竟何來？也只有，進一步對此種落差提出解釋，才能進一步解構掉「國民黨史觀」，以及馬英九利用「經濟懷舊」夾帶威權「政治懷舊」的狡獪詭計，和這背後「高級外省人統治有理」的基礎。

亦即，中國國民黨向台灣民眾兜售的是，其拼經濟的歷史信用，並搬出一系列優秀的技術官僚，如嚴家淦、尹仲容、楊繼曾、李國鼎、俞國華、俞鴻鈞、徐柏園、蔣夢麟、沈宗瀚、孫運璿、李達海、王作榮….等等，來證成「高級外省人」對台灣的統治有理。同時，在這樣的基礎之上，一種特殊的「國民黨史觀」就深深地烙

印在主流報章媒體、教科書之中，形成台灣民眾不約而同的全民共識。

然而，此種「共識」，不過是以統治者—國民黨為中心所書寫、宣傳的片面歷史。除了，1950年6月爆發的韓戰，讓岌岌可危的蔣介石政權獲得軍援和經援所構成的美援挹注支撐之外，冷戰形成的對峙格局，以及國民黨退守台灣之後，跟共產黨形成的「國境戰爭」，才是國民黨在台灣立足腳跟，取得有效統治的起點。

老K的拼經濟信用卡怎麼刷？

台灣海峽所區隔的不僅是空間帶來的心理距離，更有著國家透由戰爭和備戰的動員過程，進行「國家能力」的培力(empowerment)契機。事實上，翻開歐洲的現代國家基礎的形成，戰爭是不可或缺的一個部分。為了因應戰爭，國家經由備戰動員，建構出一套資源掠奪的系統，方能有效地對戰爭的三大資源—丁、糧和稅—進行徵收以服膺和支援戰爭的需求。

於是，學者Michael Mann所言的「國家基礎行政權力」(infrastructural power)，便在戰爭和備戰動員的過程中打造形成。同時，隨著戰爭動員的需求，一套深入社會肌理(social fabrics)的行政手臂，也就此次第順勢地延展張開。以二戰之後的高雄港治理而言，戰後的港口沈船打撈到復甦，以及港口的擴建在在都與戰爭動員有著密切的關係。即使，就連高雄港第二港口的及早興建開挖，並在海運的貨櫃時代來臨之後，讓爾後第二港口在處理貨櫃進出中取得傲人實效，也是基於戰爭需求和顧慮的藉口之下，政府才投入這樣的鉅額耗費和困難工程的興建。

因此，國民黨退守台灣之後所形成的「國境間」戰爭狀態，逐步讓兩岸分治演變成「兩個中國」的現實。畢竟，當國民黨在同一塊大陸上頭，與共產黨難以區分敵我，儘管，「國共內戰」的戰爭一直持續，但是在此種狀態之下，透由戰爭動員所進行的丁、糧與稅的

徵收，都會讓不堪橫征暴歛的小民，輕易地轉變成對手的支持者。因此，國民黨的剿共失敗，乃在於中國大陸農村地區農民的窩藏幫忙，和都市工人的挹注協同等。

職是之故，戰爭，或者，具體而言，「國境間戰爭」，讓國民黨在中國大陸與台灣島上有著不同的統治能力和治理表現，這是戰爭動員下，透由丁、糧、稅的盤撥和徵收所達致的成果。唯有放在此一脈絡之下理解，方可以解釋，同一批國民黨官僚，在過了一個海峽之後，即蛻化成有神人般的優秀，並累積出國民黨拼經濟的歷史信用卡。不是出身一群「高級外省技術官僚」的秀異特出使然，更遠非是國民黨的痛改前非，而是在一種冷戰格局編排下的美國保護為舞台，所展演的「國境間戰爭」的動員體制的國家培力和國家打造(state making)的契機所致。

講真話的郭冠英

以上的歷史，兩岸「國境間」戰爭過程中，分道揚鑣的「兩個中國」逐步形成，並宛如人鬼殊途的彼此存在，儘管彼此間還偶會叫囂，這不過是偶一為之的象徵性驅鬼儀式的展演罷了。正只有在此一歷史脈絡之下，郭冠英的「武力保台後，要對台灣鎮反肅反好幾年」這一席話，才值得吾人細細去體會。畢竟，早已人鬼殊途的兩岸，彼此是彼此的「他者」，再也不是甚麼「兩岸親情，血濃於水」的統戰話語，即可跨越這透由「國境間」戰爭所形成的兩個國家的歷史和現實。

「武力保台」，以及「鎮反和肅反」，其實在在說明了郭冠英，已經看穿了兩岸早就步上了人鬼殊途的兩個不同國家的道路，則郭冠英這輩子希望住在「中國台灣省」此一最大心願的實現，只有透過外部武力的入侵(武力保台)，並繼而加諸內部武力的清洗(鎮反肅反)才有可能。

進一步，果若，西方殖民主義是通過「他者」的自然、野蠻、骯髒，來映照出自身的文明、高貴和乾淨，並進一步證成「殖民有

理」的話，則在歷經武力保台和鎮反肅反兩階段之後，「高級外省人」跟「鬼島歹丸台巴子」的對偶形容才有其意義－－一種過去歷史上殖民形式關係的指涉和再想想像。

郭冠英的言論和文字暴走，意外地戳破了國民黨在台灣長期建構的謊言，正是在在這一點上，郭冠英內心的真話，比起偽君子般的國民黨及其馬英九一干人等，更加高貴與誠實！

11
「范蘭欽」事件不只是認同政治
更是地緣政治

作者：方向歸零　圖：打果泥

范蘭欽事件爆發以來，多數論者放在台灣長期族群問題的脈絡。批判者放在長期族群歧視的脈絡，聲援者則是扯又把真實發生以及媒體虛擬的歧視言論拿出來吵（中國豬等等），使得這個論辯又重新捲入台灣千絲萬縷的族群問題。這樣的視角當然有一定的道理，然而，如果說單純地把郭冠英現象連結到族群問題（或者更精確的說，省籍問題），又回到台灣認同政治長期各說各話打濫仗的局面。這幾天聲援郭冠英的不敢正面為其言論辯護，採取就是打濫仗的策略，不管自命左的右的又跳出來藉著把綠營或獨派修理一遍，重新喚起台灣認同政治鬥爭過程中所累積的傷痕，來降低郭冠英事件的衝擊。

不過，在我看來，僅將郭冠英事件視為台灣認同政治的醜陋插曲，其實是誤判了郭冠英事件背後的真實脈絡，以及低估了台灣社會所面臨的真實危機。在2000年以前，大體上可以以族群或國家認同來理解島內的分歧。「高級外省人」一辭所出自的「繞不出的圓環」，雖然是2000年之後所作，也還可以放在這個脈絡下。不過，轉不出的圓環一文，並非此次爭議的重點。客觀而言，這篇文章固然充滿濃濃的歧視味，但這篇文章當初用真名發表，同時在網路上流傳已久，該罵的早就罵完了。繞不出的圓環的論調也決不新鮮，至少所有品味時尚的論點或多或少沾染類似的論調，只是外省人三個字很少真的出口罷了。絕不致引起如此的風暴。

真正讓所有范蘭欽聲援者無法辯解並刻意忽略的,也是遠遠超越島內目前認同政治格局的,無疑地是要將台要徹底專政鎮反肅反三十年的文字。郭冠英的辯護者多將討論集中在「繞不出的圓環」一文,而將問題淡化為認同甚至僅是品味的政治。即使是聚焦在這篇文章的討論,多數對這段文字的解讀是放在郭冠英的動機上,以及仇恨的對象上,也就是要郭冠英所想要消滅的客體,而非擔當消滅行動的主體,也就是中國。然而在我看來重點剛好相反;這段文字與其說反應某種莫名其妙的仇恨,不如說反應了對中國「大國崛起」的自信,對一個即將有能力在台灣為所欲為的中國的自信。

郭冠英對「台巴子」的心態,無疑地是一種家暴的心態。傳統家暴的研究焦點往往放在施暴者的心理狀況。這當然是重要因素,然而越來越多的研究也顯示施暴者跟被暴者間相對的權力關係才是讓施暴者肆無忌憚的原因。同樣的,要理解郭冠英為什麼會有如此言論,與其追問郭冠英為何仇恨,不如追問郭冠英為何如此自信。就像納粹的問題不僅只在於希特勒多痛恨猶太人,伊拉克問題不再於小布希多討厭海珊,日本軍國主義問題也不僅僅在於日本人多歧視其他亞洲人。真正的關鍵,當然在於他們相信他們可以殲滅猶太人,可以輕鬆征服伊拉克,可以輕鬆席捲整個東亞。同樣的,郭冠英之所以肆無忌憚大談鎮反肅反,無疑地是因為他相信這是一個可以做到的事情。環繞在郭冠英為何如此仇恨,我們舊會忽略為何郭冠英如此自信。

唯有把北京因素考慮進來,我們才得以理解為什麼郭冠英最乖張的文字並非產生在多數深藍人士念茲在茲的兩顆子彈事件之後,而是在連戰訪中之後。我們也才得以理解為什麼在傅建中所說外省族群希望之所繫的馬英九當選總統之後,郭冠英毫不收斂乖張的言行。郭冠英當然是個特例,同時一但郭離開公職之後,剩下的就是言論自由的問題了。然而,郭冠英對北京的信心所產生的乖張言行或許極端,但並不孤單,而且遠遠超越傳統族群認同政治的界線。就在郭冠英事件約略同時,旺旺時報新的大老闆在財訊毫不諱言親中

國政府的色彩，並大力主張不管新聞倫理「唱旺中國」。這大概是我有記憶以來台灣首次有公眾人物如此毫不遮掩的承認自己與中國政府關係。即便是90年代族群政治最高峰的時期，這也是難以想像的。

在這裡我並不是指控郭冠英受到北京任何直接的指揮；但是郭冠英言論所呈現的卻是台灣所面臨日益龐大的地緣政治壓力。國際關係學者Nye提出「軟實力」(soft power)的理論之後，許多人沾沾自喜地討論台灣如何藉軟實力突破被封鎖的國際空間。這的確是一個台灣值得努力的方向，不過論者通常忽略了任何戰略都是「公共財」；任何一方都可以使用。國際關係學者所談的軟實力也絕非停留在文化產品生產與消費的層次上，而是更進一步將軟實力放在地緣政治的脈絡下。中國文攻武嚇不成之後，也逐漸形成一套透過軟實力影響台灣社會的模式。在這過程中，是北京在台灣意圖建立的新的政治文化。在這樣新的地緣政治的戰略下，北京因素對台灣最大的衝擊，已逐漸純粹外部軍事壓力，轉向從內部解消台灣民主脆弱的基石。這個努力已經看到初步結果。社會上各領域，不管是學界商界演藝界，基於中國的市場或其他考量，逐漸在與中國相關的言論上自我設限。相對的許多親中者益發深信在中國的霸權之下無須展開任何對話，中國的「大國崛起」便足以證成自己的正當性，而日益乖張，連昔日和解溝通的姿態也懶得假裝。郭冠英事件所呈現的，不只是昔日族群歧視的延伸，更是這種北京所鼓勵或是引發的惡質獨裁政治文化的萌芽。嚴格來說，郭冠英只是一個瘋狂公務員的擦槍走火；然而背後所呈現卻是悄然改變的地緣政治的結構。

如果以上的分析是正確的話，對郭冠英事件的檢討繼續將焦點聚集在族群甚至統獨的分歧上不能說走錯方向，但卻漏失掉更嚴重的問題。台灣長年來困擾於統獨族群的分歧固然苦痛，但台灣民間社會也逐漸孕育出因應的方法。然而中國伴隨政治經濟躍升而來的影響卻是全新的。郭冠英事件雖然暫告落幕，但是這種相信軟硬實力交織的大國崛起論述，恐怕才是台灣公民社會所面臨最大的威脅。這

兩年針對台灣公民社會的討論仍然停留在內部和解，在我看來是搞錯了方向。如何因應中國對台灣社會越來越大的直接或間接影響，才是更深刻的問題。郭冠英應該成為重新審視問題的起點。

12

「郭冠英」作為一種問題意識：戰後台灣政經發展的一種可能理解路徑

作者：Shinichi

〈楔子〉

「郭冠英」作爲一種「現象」，值得吾人採取一種「問題意識化『郭冠英』」(problematizing Guo Guan-Ying／GGY)的方式，以便解讀出「郭冠英」事件背後的種種社會意涵，並據此更有意義地理解台灣社會的處境與困難。

承襲著先前的望、聞與問各章節的文章，對「郭冠英」現象進行各種不同剖面的分析，本文將進一步將「郭冠英」現象作爲一種問題意識，從中去攪動此一現象帶給吾人和台灣社會之挑戰與詰問。

從《郭巴子》一文談起：軍方轉進文官體制的序幕

3月19日，〈自由時報〉的自由言論有一篇由出身陸軍子弟、外省第二代的投書，文章名爲《郭巴子》。這篇署名范小鳳的投書中，提及：「…謝謝您讓全台灣不分藍綠的朋友們紛紛議論，何爲「高級外省人」？其實來自新竹空軍眷村子弟的您是再清楚不過的，因爲我們都知道在那個成長年代裡的傳言（另一種眷村文化順口溜），軍中兵種是空軍看不起海軍，海軍看不起陸軍，陸軍又看不起走路的步兵。呵！」

此篇投書，有意思地揭露了早期軍方外省人中，軍種間彼此瞧不起的現象：空軍看不起海軍，海軍瞧不起陸軍，陸軍中又鄙夷走路的

步兵。由此，提出出身新竹空軍眷村子弟的「郭冠英」的「高級」
來由。

事實上，這種所謂「外省人」「軍眷子弟」的彼此相輕，以資區別
高低級的方式，正好讓人得以順勢進入到台灣戰後發展中的「軍方
勢力」的幾次轉進歷史，剛好服貼著台灣社會的開放，以及政經和
社會的演變而行。

蔣介石作為軍頭之一，落跑台灣之後，繼續構築著其反攻復國之大
夢，從早期的「軍事反攻」，到1960年代之後逐漸演變成「復興基
地」，期待著對岸人民會起義來歸的「消極反攻」，以及豎起「自
由中國」旗幟以為「政治反攻」。

1950年，蔣介石在韓戰爆發後，從被美國「放殺」(台語／放棄之
意)的狀態下翻身。以軍援和經援為主的美援大量的湧進台灣，給
蔣介石的「軍事反攻」有了一絲希望。然而，山姆大叔縱使家財萬
貫，亦不能讓蔣介石無度揮霍在不具生產性的軍費支出上頭。於
是，美國納稅人對於美國「援外變員外」，人民當凱子的方式漸感
不耐。1959美國已經警告台灣，美援將由過去的贈款改為貸款，並
且逐步減少。

例如，1958年7月19號，時任國國際合作總署中國分署主任郝樂遜
(Wesley C. Haroldson)與陳誠見面的場合中，即提到軍費支出過大之
問題。又，在1959 年 6 月 11 日，郝樂遜在中文雜誌《建設》的邀
請下，發表公開演說，並在演說中抨擊國民政府開支太大。當然無
度之軍費支出乃是被指責的主要對象。後來，郝樂遜給美援會提出
八點改革建議的第一條即是：軍費應有限制，俾生產所得可供投資
之用(過去國防費用占中央政府預算的百分之五十以上，真正能做建
設用的經費相當少。長期下來整個資源用做消費性支出太多，投資
太少。)

事實上，根據當時的軍費支出，並非只佔50%以上，而是將近80%左右。但是，軍費削減要得到其介如石的老蔣首肯，幾乎是不可能的任務。後來，據說經過嚴家淦這位深諳官場之道，好聽乃是「外圓內方」，難聽則是「見人說人話，見鬼說鬼話」的八面玲瓏好手，以簡單的三言兩語跟老蔣解釋說：這個凍結其實不是凍結，而是國防預算會跟著物價調整，依實際幣值調整的另一種說法，而取得老蔣的首肯，凍結軍費支出。

1960年7月27號，陳誠與駐台灣(中國)的大使莊萊德(Drumright)會面中，莊萊德還就到底國府可否有效限制軍費支出提出質疑。陳誠對此解釋說，目前軍費支出，主要乃是退除役官兵的支出。陳誠直言的此種退除役官兵的支出，說明了儘管台灣軍費支出凍結，並隨著經濟發展而呈現比例降低之現象，但是，也開啓了「軍費」變相地轉變成其它經費名目承擔的偷天換日的手法。

至此，軍方人員大舉滲透政府各個機構。除了1952年建立的退除役制度之外，1954年11月1日成立「行政院國軍退除役官兵就業輔導委員會」開始替這些退役軍人再就業。裕隆承接了上千名阿兵哥轉任，而據說高雄唐榮鐵工廠會被蔣經國充公的一個說法即是，唐榮曾經拒絕軍人塞進其工廠之中。

當然，1958年2月20號考試院制訂的「特種考試退除役軍人轉任公務員考試規則」，則爲軍人轉任公部門文職機構開了一個大門。而早期此一轉任辦理的考試種類廣泛，包括：轉任鄉鎮、縣轄市兵役人員、轉任電信人員考試、轉任交通事業人員考試、轉任衛生技術人員考試及一般公務人員考試。以1962年、1965年兩次考試爲例，即分別錄取了8243以及8074個名額。

1964年9月10號，考試院又頒佈另一項「特種考試國防部行政及技術人員考試規則」(國防特考)。此一考試屬於任用資格儲備考試，爲讓「文武轉任比敘」，讓軍人先取得文職轉任資格，從1965到1989

停辦為止，總共舉辦12次，及格人數達到14749名。

此外，考試院又於1968年5月15日頒行「國軍上校以上軍官外職停役轉任公務人員檢覈規則」。這是屬於先派職後認可的方式，以免取得任職資格卻無位置可塞之窘境。1968年4月，也曾舉辦過「退除役官兵任國中教師檢定考試」。更何況，早在1952，中學以上學校學生恢復軍訓之時，軍人早就用軍訓教官的名義進駐校園囉。

於是，軍人大量滲透進基層到中央各級政府機關之中。軍人滲透跟染指文官部門，信手拈來，俯拾皆是。因此，許多在動員戡亂時期的藉口下打造的戰時體制，各軍種遂在轉進文官體系過程中分別據山為王，宛如各自禁臠。譬如，民航局、華航就成了空軍的禁臠；港口、中船和陽明海運(前身是招商局)，遂變成海軍的屬地；交通、公路局等，每每就被陸軍給囊括。因此，各種千奇百怪的「慣例」就此產生：各港口港務局長由海軍中將階級將領轉任，而省府司管港務局的省交通處長，卻來自陸軍運輸等兵。

是故，在美國山姆大叔要求降低軍費支出的壓力之下，各軍種滲透進政府文官體制中寄生，不僅在帳目上降低軍費支出，同時也可以維持跟建構一套動員戡亂時期下的「戰時體制」。果真，省交通處長1962至1972年的陳聲簧與陳來甲則是出身於陸軍系統。因此，在不同軍種間，抑或是同一軍種但不同系統之間，就充滿著各種鬥爭拉扯。

軍方淡出與貪污醜聞─國家正常化？？

此種內部拉扯，其實是大家都分得到餅的前提之下。然而，到了1980年代中末期，軍方空降安插的現象，讓許多專科出身的公務人員高昇無望，且非專業的軍人領軍的單位跟企業，實是有許多為人詬病之處。這種「升遷」為表現的競爭「公平」(fairness)的聲音，逐漸在各系統中因為升遷受挫而被抱怨挑出，並在國會中招徠反對黨立委的質疑與批評。

政府機構中，警政署、戶政機關、地方政府工務局、養工處、國宅處、民航局、航空公司與航空地勤、外交部大使、中央銀行發行局局長、審計部部長、主計處處長、國防部、省衛生處、水庫局局長、港務局長、人二系統、調查局等等政府機構，都可發現主管職位，或重要職缺被軍方給盤據。

此外，除了政府機構之外，國營事業中，陽明海運、中船或者台機、台汽等等，大多也被軍方轉任給霸佔；當然不消說，「退輔會」旗下農場，或者幾十間投資企業，抑或是「黨跟退輔會」共同轉投資等等的企業，更是容納了大量的軍方轉任人員。

至於，民間機構則有國民黨黨部、同業公會、或者各種體育協會等等，也可見到退伍將官的出沒。譬如，1991年2月21-22號，剛成立沒幾年的民進黨，邀集各界舉辦一場「全國民間經濟會議」。但是，受邀的許多「同業公會」不太敢出席的原因之一乃是，同業公會總幹事多由國民黨黨部或者軍方退休轉任者掌握，可知國民黨的軍方轉任，除了公部門之外，民間團體也深受其染指。

由於，解嚴之後到1990年代初，深受批評的軍方轉任，讓軍人退休後轉任的道路不能再大剌剌地進行；於是，國防部和全國工業總會提出一種「軍民合作」的構想，企圖讓國防人力移轉民間。1992年，首批退休軍官轉業的訓練開始出台。結果，許多企業對此「國防人力移轉民間就業」計畫持保留態度，並認為退休軍官的年齡及經歷，將對企業人事制度造成挑戰。這計畫的初衷美意，在企業界看來卻成了「強行安置」。

儘管，政府不斷美化此一措施的成功，並吹噓至1993年已經結訓四期，並有超過百家民間企業機關接納此批退休「優秀軍官」；然而，後來從此一專案從報章篇幅中消失，即可知其成效為何。

關於軍方轉任考試，也在1990年初受到強烈地抨擊。時任考選部長

的王作榮則在1990年指出，將考慮「特種考試退除役軍人轉任公務員考試規則」自翌年起將退除役軍人轉任文職考試與高普考合併辦理，分開報名，採取同樣的試題及錄取標準，打破外界詬病已久的軍方特權優待。

然而，剛掌權不久的李登輝，尚必須使出將郝總長柏村用拔擢成行政院長的方式，以間接釋其兵權，於是，面對軍方反彈，李登輝依舊不敢躁動，而在考選部發函行政院的回函中表示：「為貫徹政府輔導退除役官兵就業政策暨配合國防建軍需要，是項考試仍宜繼續辦理」為由，讓軍方轉任考試繼續保留。直至，1999年是項考試規則才修改成：**限定其及格人員以分發國防部、行政院退輔會及其所屬單位，以限制軍方對於文官系統的干擾影響。**

不論如何，許多原本屬於各軍種彼此寡斷瓜分的嘴上肉，在1990年歷經本省人李登輝掌權之後，開始失去。同時，當軍方依「慣例」空降各政府機構和企業機關的位置，並據此帶來的種種可能上下其手的利益大餅逐漸被曝光之後，1990年代初的軍購弊案則越演越烈。譬如，1990年6月，立委林正杰揭露發「軍襪採購弊案」，並直指受僱統全興業公司處理軍襪採購事宜的總統府參軍—蔣仲苓—的姪子蔣晉雄的襪子，乃是在上海製造，並將砲火指向監委王玉珍曾受統全興業負責人向審計部「關照」。至於，國防軍事採購弊案的最高潮，是1993年涉及總預算達新台幣1152億的二代艦採購業務而導致尹清楓致死的案件。

於是，解嚴之後，台灣政府開始進行「正常化」的工作，軍方高級將領安插的地盤陸續被收回，譬如省交通處是陸軍、港務局是海軍、陽明海運、中船亦是海軍出身將領的禁臠等等，都逐步將升遷拔擢交還給文官系統或者專業考量，軍方勢力與利益地盤的限縮的同時，過往軍品採購或者軍工工程中因為免除審計過程所創造出的大餅，漸次在立委、監委和外界壓力下上下其手的難度愈來愈高，於是，尹清楓命案就在這樣一個後解嚴的時代中，在某些貪瀆之徒企圖狠咬最後一口的心態下發生了。既有安插利益的消失，跟軍購

弊案的大增，此消彼漲間的抵換關係，實是很難令人不把兩者串聯想像。

本省人李登輝掌權之後，系出軍方人員的既得利益逐漸受到本省競爭者，或者其它本科專業者的競爭，因此，1990年代的民主化過程對「系出軍方」者，算是利益受損最嚴重的一個群體之一。也因此，這群人對於「民主化」後的一切，當然有憤恨的基礎。 後來經過阿扁的八年，放在利益本位加以思考，「系出軍方」者對「本省」的李登輝跟陳阿扁咬牙切齒的痛恨心態，也就些許道理可尋。

「郭冠英」作為一種「問題意識」？！

馬區長榮膺島主才不到一年時間內，軍方勢力在軍人員額裁減下，勢力進一步大減；但是，作為「高級外省人」的馬區長，同時卻開始研擬軍訓教官的擴大、人二系統的再度進駐校園、並在去年2008年經由立院初審通過放寬「軍人轉任公務人員規定」，同時更在前一陣子舉辦了一場錄取率高達91.67%的「國軍上校以上軍官轉任公務人員考試」。

從這些措施中，姑不論軍方的保守性格可能對於政府機構的負面影響，以及過去軍方對於社會的監控歷史的再現恐懼，馬區長這一系列的算計，在在說明了其果真是吃中國國民黨的奶水長大的。從歷史看來，將軍方勢力塞進去政府文官機構中，不僅可以消化收編軍方為己所用，同時也可讓系出軍者，替上位統治者扮演著社會監控的細胞角色。

郭冠英作為新竹空軍眷村子弟，1990年代以來的民主化過程，其父老兄弟經歷的，或許是一個「既得利益」消減的過程。因此，郭冠英也就有徹底否定帶給他眼見所及一系列挫折的詞彙：本省人、李登輝、陳水扁、民主化、台灣人、台灣、本土化…等等。對台灣稱呼為「鬼島」、對台灣人區分為「台巴子」跟「低級外省人」，痛恨阿扁跟李登輝如殺父讎寇、對民主化的諷刺、對本土化的鄙

夷….等等，這就是郭冠英筆下的台灣社會。

「郭冠英」作爲一種問題意識，必須將「郭冠英」當成台灣政經、社會與文化轉型過程中的一種現象，進行分析。「郭冠英」不只是郭冠英本人，「郭冠英」是一種台灣社會戰後發展的歷史、政經與社會發展轉型過程中的一種現象：一種必須深度挖掘、理解，並超克它的一種現象！

「郭冠英」，可能是台灣某一群人的精神狀態、亦可能是台灣戰後政經發展的結晶產物、抑或是特定歷史塑造下的人格扭曲、也可能是中國滲透安插在台灣的別動隊…郭冠英絕對不只是郭冠英。讓我們「問題意識化郭冠英」(problematizing Guo Guan-Ying)吧，並進一步讓「郭冠英」可以成爲一種理解分析台灣社會某一種現象的概念？！

基於此，立基於台灣社會過去的政經、歷史與文化基礎上，進一步提煉抽象化的「GGY」(ㄐㄧㄐㄧㄨㄞ)，其作爲一種概念，才可以用來分析、診斷台灣社會的狀態跟時代精神，並從中找出超克台灣社會當代種種困境的隱約方向和稀微燈光！！

第四章

切

你我都是GGY

01

導言：超克GGY

本章「脫離郭冠英」（Guo Guan Ying, GGY）本人，談論「郭冠英」（「GGY」）作為一個概念、象徵，對台灣社會的重要性。從 GGY 過渡到「GGY」，我們試圖以「GGY情結」做出定義，形成量表，讓「GGY」成為可以被量測、比較的 GyQ 指數，檢視自身或隱或顯的高級感，以及潛藏歧視他人的因子。然而，每一份量表的設計，都需要經過長時間測試，信、效度的考驗。作為一份對於「GGY初體驗」的測量，我們期望在未來，發展成更完善的工具，能夠更完整地探討GGY情結。

精神科醫師老皮蛋《郭冠英到GGY》一文，首先不把郭冠英當作「自戀人格違常案例」來看。從台灣社會現象的爬梳，「郭冠英」還反映了一個「集體歧視他人的現象」，我們稱之為「GGY現象」（GGY phenomena），而支撐這個現象的情結，我們稱之為「GGY情結」（GGY complex）。接著從「後設心理學」的角度，發展了三篇《GGY如何練成》，探討從「認為自己高級」的「類自戀」卻又「非自戀」的傾向。

Ideolotopia 根據前幾章細部探討，試圖為「GGY情結」下個定義，時空放在第二次世界大戰後，國民黨來台的情境下，無形中發展一種「高級的形成」，透過族群差別待遇的「制度性」塑形，到轉換成集體化下的個人「高級感與歧視他人」共存的「GGY」情結。這個「GGY情結」，在社會層面所發揮的效果，在於脫離了「省籍」，而涉及了「階級」並帶來了「歧視」。它不僅是所謂的高級外省人，也包括高級的本省人，這個「帶有歧視的高級」，成為台灣的集體記憶的一部分，正是台灣人必須共同面對、同時也必須共同解開的「結」與「劫」。

「GGY」如何存在？如何影響我們的生活，甚至影響國家發展？透過「文化」本身，「社會架構」提供GGY滋長的環境，鮮活地存在我們的一舉一動裡。原本以爲「看不見、也摸不著」的情結，在一一解構後，原來，這個「穿著黑衣的天使」，一直都如影隨行，影響著我們對「事件的解讀」、人際發展，也生根在「流行趨勢」中。於是，「超克GGY」也成爲一種全面性的運動，是對於電影裡GGY的剖析（GGY的超克---海角七號測驗題），也成爲「創作」的元素。Ideolotopia將「GGY」視爲未來的發想，爲GGY披上「童話」的外衣、或是讓GGY可以被唱出來，進行不同形式「快樂地超克」。

02
從郭冠英到GGY

作者：老皮蛋　圖：小麻子

如果請精神科醫師就郭冠英的言行作一個可能的臆斷，醫師們大概會猜測：他是一個自戀型人格違常（Narcissistic Personality Disorder, NPD）的個案；對照 NPD 的診斷準則（DSM-IV），他的確符合大部分的描述，包括：

(1) 專注於無限的成功、權利、或理想的愛情等幻想中。～郭：我應該當總統。

(2) 相信自己"特殊"而唯一，僅能被其他特殊或高地位的人與之相關聯。～郭：我們是高級的外省人喔，不知那次怎會是一個本省伯伯帶我來台北。郭一切以中國（不勝枚舉）或布爾喬亞品味（紅酒…）為尚，不屑與台灣有關係。

(3) 需要過度的讚美。～郭自稱才子，甚至假藉同事名義寫文章讚美自己。

(4) 認為自己有特權。～郭：我沒有曠職、將在外君命有所不從。

(5) 人際上搾取別人。～郭領台灣薪水卻蔑視台灣人民、又假藉同事名義寫文章讚美自己。

(6) 缺乏同理：不願意去了解或認同別人的情感與需求。～郭：對歹丸爛人，必要嚴惕嚴打。其餘不勝枚舉。

(7) 時常妒忌別人，而且認為別人妒忌自己。郭：台灣的電影是愈看愈差。…(金馬獎)此獎倒也公平，沒把『色，戒』忝列為台灣片。

(8) 自大傲慢的行為或態度。郭：新聞局在哪裡？其餘不勝枚舉。

看似繁複的診斷標準，其實核心只有一個："極度缺乏自信與安全感（這兩者高度相關）"。因為缺乏自信，所以會 "自大傲慢" "搾取別人" "需要過度的讚美" "專注無限的成功～" 來支撐自己脆弱的自尊心；因為缺乏自信，所以會 "妒忌別人" "無法同理他人"（"同理他人" 就會發現自己的弱點、一般性）；因為缺乏安全感，所以會需要 "特權" "高地位的人與之相關聯" 來保護自己的安全。

然而，如果我們僅僅把他當成一個自戀型人格違常（NPD）的個案，我們就忽略了幾件重要的事情，包括：大部分的NPD個案並不會像郭冠英一般，對周圍的人有如此強烈的恨意（「歹丸只剩可恨」、「漢奸殺無赦」…）、以及相對的強烈懼怕（「乖乖回歸還要鎮防，若流了我中國人的血…」；他在加拿大不敢去上班、回台要大批黑衣人護衛）。

更重要的是：郭冠英絕對不是單一的個案。在網路世界中 [1] 搜索，可以看到很多相似的言論、或是替郭冠英辯護同時贊同他意見的言論。在現實世界中，我們更可以看到許多經過偽裝（乍看之下沒那麼嚴重）、但基本心態一致的言行。

當馬英九遙祭黃帝陵，當他對原住民說：「我把你們當人看…」，或是他一邊出席二二八紀念活動、一邊大砍二二八基金會及紀念館預算、又將「中正紀念堂」牌匾掛回，我們在他身上看到了郭冠英的影子。當鎮暴警察說「台客最噁心～打你也是剛好而已」[2]，當

【註解】

[1] 例如 "中時聊聊吧" http://tb.chinatimes.com/main1.asp?tagid=3335 以及 http://tw.myblog.yahoo.com/voo-voo/article?mid=10310&prev=10415&next=10309

[2] 陳雲林來台事件後，有鎮暴警察在部落格中發表以上評論，"芒果日報"與這位波麗士大人數度對話後，雅虎奇摩網站竟然將芒果日報抄台。詳見：http://www.wretch.cc/blog/billypan101/14368798

李漢卿指揮員警進入唱片行、強迫店員關掉音樂，當石之瑜、陳文茜、趙少康等人以嘲弄的態度談論台獨論述和台灣人民，當唐湘龍說民進黨支持者「一高二低」（年齡高、收入低、學歷低），當國民黨立委刪除二二八紀念館／基金會預算，當國民黨立委刪除台語認證預算，當周錫瑋縣長強制三鶯部落遷村，當陳菊市長拆除五金老街，當體委會硬要干涉高雄世運主場館命名 [3]，我們看到了郭冠英的影子。

當星雲說「台灣沒有台灣人、都是中國人」、「希望達賴喇嘛不要忘記自己是中國人」，當大S小S說「布袋戲沒水準」、「我才不要當台客」，當王偉忠在"全民最大黨"和"光陰的故事"中醜化本省籍人士，當許介鱗、南方朔、袁瓊瓊批評"海角七號"「有日本殖民陰影、藝術水準不足」，當金馬獎評審說「海角七號缺乏人文深度」[4]，當台北人嘲笑南部人／鄉下人，當某人嘲笑某人"台客""台灣國語""沒有世界觀"……，我們都看到了郭冠英的影子；於是我們了解到：郭冠英不是單一的個案、而是這個島嶼上常見的現象，郭冠英的心態不是少數人的心態、而是許多人的心態 [5]；這個心態，我們命名為Guo Guang Ying complex，簡稱 GGY complex，這個常見的現象，我們稱之為GGY phenomena。

【註解】

[3] 高雄世運主場館命名活動，被體委會介入，結果命名為深具 GGY 風格的 "龍騰"。請見：http://www.wretch.cc/blog/lyfelf/23039402 關於五金老街，請見：http://www.wretch.cc/blog/pulcinella/14734136

[4] 如果有讀者真的覺得 "海角七號" 「有日本殖民陰影、藝術水準不足、缺乏人文深度」，請參考拙著及前後多篇網友的精彩文章。
http://map.answerbox.net/landmark-819946.htm

[5] 雖然這些言行都是 GGY complex 的表現，但仍有程度和風格的不同。其中馬英九和郭冠英可謂 "極品"（高級中的最高級）、又是相對的極端：一個讓最多人認清而成為過街老鼠，另一個則是蒙蔽最多人而成為政治偶像。

03
GGY如何練成I－關於高級外省人

作者：老皮蛋　　圖：小麻子

前文提到的 GGY complex/ phenomena 是怎麼出現在台灣、又怎麼成為一種常見的現象呢？我們必須比對精神分析（關於自戀的）理論和台灣的社會現實才能理解 [1]。

克萊因學派關於自戀的理論

克萊因（Melanie Klein）學派認為：自戀源自初生嬰兒對母親的嫉羨（envy）[2]。初生嬰兒基本上是全然的無能與脆弱，相對的母親則是完美的（擁有嬰兒需要的一切），這是一種危險的完全依賴（失去母親就會死亡），特別在嬰兒受到挫折（需求不被滿足）時，依賴

【註解】

[1] 精神分析的知識來自於診療室中的個人、著重於內在世界，這樣的知識是否可以用來理解外在現實與社會現象，仍有些爭議。爭議歸爭議，從佛洛伊德至今、借用精神分析理論來解釋社會現象的嘗試卻是不曾間斷，而這些論述也常對學術發展有重要的貢獻。

[2] 關於 "嫉羨"、"死之本能"（death instinct）、"被迫害焦慮"（persecutory anxiety）、"投射性認同"（projective identification）的意義、相互之間的關係，克萊因早期和晚期的著作就有些細微的差異，其後繼者又有更多的討論和修飾，我只能盡量貼近這學派的一般共識。可以確定的是：這些細微的理論差異主要在於 "嬰兒內在世界及其歷程" 的描述，對我之後的討論重點（社會現實對人格的影響）並不重要。

的危險性就更明顯、更無法忍受～此即"嫉羨"之所由來。面臨這難以忍受的挫折時，嬰兒為了保護自己的心智不因（察覺此危險）而崩潰、可能會採取以下的防衛機轉（defense mechanism）:它可能會否認自己的無能與依賴、幻想自己無所不能、因而不必依賴任何其他客體（此即"全能幻想"omnipotent phantasy），這就是早期的自戀狀態。嬰兒在需求不被滿足時（一說是嬰兒投射其死亡本能或挫折於客體），也會幻想有一個壞客體（壞乳房）故意加害於它，這種被害感和嫉羨都可能引發嬰兒的攻擊～在幻想中破壞了客體，但這又引發了嬰兒的恐懼～害怕客體的報復，而這更加強了被壞客體迫害的幻想，也就是嬰兒認同（identify）了"自體＝被害者"和"客體＝加害者"（一說是真實的外在客體也會認同被投射的加害者角色），這就是最初的"投射性認同"。

以上所述的防衛機轉最常出現在生命的最初六個月，當時的心智狀態處於"妄想－分裂心理位置"（paranoid-schizoid position），此時嬰兒無法認知完整的有生命的客體（whole object～ 母親）、而只能認知到沒有意志的部分客體（part object～乳房），這也是自戀者（或GGY）之所以缺乏同理心（甚至不把他人當人看）的原

因。如果發展順利、嬰兒的先天（體質）後天（環境）條件夠好，嬰兒會隨著年齡的成長、逐漸克服上述的"嫉羨""被迫害焦慮"，於是可以放棄上數的幾種防衛機轉，乃至超克了"妄想－分裂心理位置"。然而，只要遭逢重大心理危機，個體就可能退行（regression）、回到妄想－分裂心理位置；如果是生命早期受到遭受嚴重創傷、或是個體的體質或環境有重大缺陷，個體則可能更長期固著於妄想－分裂心理位置，就形成了自戀型人格違常（或其他的人格違常）。

現實中台灣的GGY

讓我們回到台灣的社會現實吧！1945~1949 年隨國民政府來台的戰後移民，可說是兼具殖民者及難民的身分。稱之為殖民者是因為：他們掌握了政治權力，又透過劫收日人財產、發行新法幣（四萬元舊台幣換一元新台幣）、無償或低價徵收資源土地等方式、而掌握經濟力量 [3]，其後又以各種不公平法規保障特定族群的利益 [4]，再

【註解】

[3] 請參考 "戰後台灣及國府重要記事(1946～1947)" http://www.southnews.com.tw/polit/specil_a/228/specil009_index.htm 。又：本文中 "外省人" "本省人（台灣人）" 依約定俗成，採取過去戶籍法對省籍的分類方式（是國民黨政府首先分類省籍的啊）；雖然早有許多論述說明「這兩個群體都有相當高的內部異質性」，但對我所要討論的題旨而言，這種分類是大致有效的。

[4] 請參考： "中國國民黨分類族群幾十年" http://www.youtube.com/watch?v=GEmQuZTqmDg&feature=related 。駱明慶：高普考分省區定額錄取與特種考試的省級篩選效果 http://homepage.ntu.edu.tw/~luohm/selection.pdf 。施合隆（2006）：台灣地區省籍薪資所得差異之探討 http://ethesys.nuk.edu.tw/ETD-db/ETD-search-c/view_etd?URN=etd-0719106-164858。林丘湟：國民黨政權在經濟上的省籍差別待遇體制與族群建構 http://etd.lib.nsysu.edu.tw/ETD-db/ETD-search-c/view_etd?URN=etd-0915106-035839

藉由語言教育宣傳等方式、以宣揚母國文化並貶低在地文化；稱之為難民則是因為：他們移居台灣時，大多失去了一部份財富權力地位，也身受戰爭時逃難的恐慌經驗，更有甚者則是莫名被拉伕入伍、或經歷了家人間的生離死別 [5]。

殖民者的身分及特權提供戰後移民"GGY的現實／物質基礎"；殖民者的優越感強化了"全能幻想"，難民的被迫害經驗則活化了嬰兒期的"被迫害焦慮"、造成了部分的人格退行至"妄想－分裂心理位置"，這就是"GGY的心理基礎"。弔詭的是：殖民者的特權地位並不能降低他們的"被迫害焦慮"、反而會加強它，因為殖民者自知這特權地位是不公平的、是可能會引發抗爭的；也因為殖民者拒絕承認自己對他者（台灣人）的嫉羨（不必離鄉背井）與敵意、反而將此嫉羨與敵意投射在他者身上，因此認定他者是對自身有敵意的，因此設立種種的不公平關卡、以防止台灣人取得權力，又建立許多的情治機構以監控人民 [6]，當然這樣的不公平關卡與監控可能會（也可能不）引發真實的抗爭～這就是上一段所提到的"投射性認同"。同樣的，這被害焦慮會讓殖民者無法信任在地人、再加上可能還有親友財產留在中國家鄉，他們也就更無法認同台灣這塊土地了。

GGY 的日本情結

戰後移民之所以不能認同台灣，還有一個特殊因素，那就是台灣處處可見的日本遺緒（GGY稱之「遺毒」）。戰後移民可能曾因中日戰爭而家破人亡、流離失所，對日本恨之入骨；台灣的日本遺緒會

【註解】

[5] 即使逃到了台灣仍可能被拉伕，不從即可能被處死。請參考："外省人的228·713澎湖慘案" http://blog.roodo.com/gamy543/archives/4663405.html

[6] 對人民的情治監控倒是不分本省外省。白色恐怖那一段時間，外省人受害者並不比本省人少，尤其左翼案件更是外省人較多；請參見：http://blog.roodo.com/michaelcarolina/archives/6054093.html

強化他們的被迫害焦慮，而日本留下的（有形或無形的）建設則會引發其嫉羨、這又更強化他們的原始防衛機轉，於是GGY complex就更嚴重了。許介鱗、陳宜中批評海角七號「日本殖民地文化的陰影」、「被殖民慾望」，正是典型的例證。

承上，戰後移民對日本懷恨、無法忍受台灣的日本遺風，這是可以理解的。比較令人費解的是：有些戰後移民（尤其是第二代）無法忍受台灣人的日本遺風，動輒稱之：「皇民化遺毒」「日本順民」、「倭奴」，有時也會指責台灣是「美帝的殖民屬國」；可是自己卻愛用美日進口產品、愛聽／唱西洋日本流行歌曲（不聽台語歌）、愛看歐美日電影（不看台片）、甚至擁有綠卡或美國國籍。要理解這現象，關鍵就在他們的批評「殖民地陰影」…，誰最不能忍受「（前）殖民文化陰影」呢？自然就是新的殖民者啦！他們無法忍受「被殖民者跟前殖民者藕斷絲連、或跟別的資本主義帝國暗通款曲」，但殖民者自己當然不在此限，這又是一個精彩絕倫的GGY phenomenon。

GGY如何繁衍

殖民者的特權是代代相傳的（直至1991 才有一部分的修正），即使特權被削減，在文化語言的差別待遇（崇尚中國文化／標準國語、貶抑台灣文化／台語及口音）下，他們也能藉既得利益和而維持競爭優勢 [7]，因此殖民者的優越感也代代相傳；另外，難民的被迫害焦慮也是可以代代相傳的，可能透過親子間的互動（子女內化父母的心智結構）、家庭社會的氣氛（反共抗俄、保密防諜～），也可能透過某種程度的種族隔離、導致下一代也對他者（台灣人）缺

【註解】

[7] 參見註四以及駱明慶：教育成就的省籍與性別差異http://homepage.ntu.edu.tw/~luohm/attainment.pdf。駱明慶：誰是臺大學生?性別、省籍與城鄉差異 http://homepage.ntu.edu.tw/~luohm/NTU.pdf

乏同理心（i.e.深刻的了解與誠懇的尊重）[8]。既然特權和被迫害焦慮都可以代代相傳，某種程度的自戀自大、以及對他者的歧視不信任，也可能繼續存在於這個特殊族群；而既存的社會文化差別待遇更加深了這個自戀／歧視的傾向，也讓他們（如同上一代）難以認同台灣這塊土地。

自蔣經國執政後期"吹台青"開始，台灣人逐漸取得一小部分的政治權力[9]，這已經造成部分外省籍政客的焦慮；李登輝擔任副總統、乃至繼任總統及國民黨主席，更是讓許多外省人坐立難安、甚至運作阻撓[10]。其後國會全面改選、一部分的外省人特權被取消；同時，以台灣人占多數的民進黨組成，黨員取得國會席次與當選地方首長、甚至競選首都（台北）市長。這些特權優勢的削減（並非完全消失）讓許多外省人深感威脅，趙少康甚至在競選台北市長時以"陳水扁當選、就會把外省人趕到海裡去"挑撥族群[11]。這正是前兩段所提：遭逢重大心理危機，個體的"被害焦慮"被活化，就可能退行而回到"妄想－分裂心理位置"的代表，郭冠英的言行只是再多一個典型例證。當然，如前文所述：除了趙少康和郭冠英，台灣還有許多的GGY。

【註解】

[8] 在足夠安全感的狀況下，幼年時期與他者的接觸有助於建立互信，眷村的存在降低了這個建立平等互信的可能。

[9] 關於"吹台青"的真相，請參見：林柏維：吹台青、摧台青 http://www.hi-on.org.tw/bulletins.jsp?b_ID=49593。以及張國財：主動與被動 http://w1.southnews.com.tw/snews/polit/polit_00/polit_02/polit00603.htm

[10] 李登輝接任總統及黨主席都遭遇某些外省籍政客的反彈，初期以蔣宋美齡為主導，其後由新國民黨連線～新黨為代表。請參見：http://big5.xinhuanet.com/gate/big5/news.xinhuanet.com/tw/2008-01/25/content_7494019_2.htm

[11] 趙少康才是"挑撥族群"的極品啊！而且，把外省人趕到海裏的可是國民黨；參見註五、註六。

後記

這篇文章似乎是對某特定族群的攻擊，但筆者的本意是：想理解這些人的心理動力機轉，甚至是同理其痛苦。雖然GGY通常不會意識到自己的痛苦，因為這等於是承認自己的脆弱；但是GGY就如同其他的自戀者，他們其實是受苦的：嬰幼兒期可能因不良成長環境而受苦、青少年期可能有其他心理創傷、成年後因為孤獨（不能同理他人、也不能融入人群）而受苦～GGY更因不愛周圍的人（因而感受不到溫暖）、不愛所居的土地（因而感受不到安全）而受苦。然而，我們也不能因為同理而停止批判，雖然其情可憫、其言行仍應受檢驗，尤其是拒絕放棄特權的既得利益者。

筆者並不是要否定所有的外省人，筆者深知：有許多外省人對台灣有很大的貢獻，包括獻身台灣主權及民主運動～鄭南榕正是其中最耀眼的代表。此外，有很多外省人沒有享受到多少特權，甚至受到國民黨政府（比對本省人）更惡劣的對待 [12]，而這些外省人因為缺乏（像本省人一般）豐富的社會連結，他們承受的是更多的痛苦；但是，他們不一定會因為受壓迫而認同台灣這塊土地、也不一定會因為受壓迫而珍愛自由民主。關於這些不同於"高級外省人"的"較低社經地位外省人"，我將在另一篇文章「GGY如何練成II--關於弱勢外省人」中再討論。但是在這裏需要強調的是：不能因為這些"弱勢外省人"的存在，就否定對"高級外省人及其自戀／歧視"的質疑，更不能因此就合理化"高級外省人"的特權與言行；這種"利用弱勢者為不義體制辯護"的論述，只是對弱勢者的再一次踐踏。

【註解】

[12] 請參見 "為低級外省人說幾句話（by hermia）"；此外，有許多的軍眷根本沒有眷村可以住（軍官以上比較容易擁有眷舍）；有些外省老兵雖然享有退休金18%利息，但因原來薪俸低，結果每個月只領到五千元或更低；外省籍士兵士官必須年滿四十或五十歲才能結婚，貧窮老邁的他們、常只能迎娶身有殘疾而同樣貧窮的台灣女子，而這（婚姻限制與婚配狀況）更加深了部分外省人與台灣人之間的隔絕與誤解。

04
GGY如何練成II—關於弱勢外省人

作者：老皮蛋

前文 "GGY 如何練成I" 主要是針對：像郭冠英一般 "高級外省人" 的典型GGY，那麼 "非高級外省人"（以下稱 "弱勢外省人"）、本省福佬人、本省客家人、原住民又是如何呢？他們也有 GGY complex/ phenomena嗎？在不同族群的GGY身上、GGY的各面向（自戀自誇、歧視攻擊、大中國情結）會有不同的表現嗎？非典型 GGY的成因和典型 GGY會有甚麼不同呢？本文和下一篇試圖對這問題作個初步的解答 [1]，疏漏或以偏概全在所難免，但筆者將盡可能誠懇地貼近他們的狀況。

弱勢外省人如何弱勢

有一群外省人，他們（或其父祖／子女）在中國並未加入政府機

【註解】

[1] 這樣的行文可能會讓人誤會：筆者是個族群本質主義者。其實筆者是個 "電腦鍵盤上的左派"（很久沒去咖啡廳、不能自稱 "咖啡廳裡的左派"），相信階級位置、生產關係是決定個人意識的最重要因素，而族群位置之所以重要、某個程度上就是因為族群和階級有相當的關係。當然，既存族群關係也是下層建築／物質基礎的一部分，它本身是個獨立的自變項，尤其對 "大中國情結"（上層建築／意識形態）更是重要的影響因素～或許對 "自戀自誇"、"歧視攻擊" 不那麼具有重要影響。但是因為 "極品GGY" 郭冠英自稱 "高級外省人"，所以我就先順著他的言詞討論；或許以後有智者可以從階級位置（或其他社會位置）談 GGY complex/ phenomena。

關、只是一般老百姓：或富或貧、但多數曾有家庭和相對安定（比起逃難）的生活，他們因為逃難、甚至被拉伕充軍，不得已而來到台灣。在中國的時候，國民黨對不起他們（戰敗、拉伕、被迫與家人分離），到台灣也享受不到甚麼好處：他們可能在逃難過程中、不得已借用他人身分，從此再也無法恢復原本身分；他們因為想家而收聽來自對岸的廣播、或是認識的人加入共產黨、或是陰錯陽差弄錯身分，自己就被當作匪諜調查監禁槍決 [2]。軍隊中，士官兵分不到眷村，只能住在軍營、退伍後自尋生路；士官兵年輕時不准結婚，獲准結婚時（四十五歲或更高齡）老邁貧窮，只能迎娶身有殘疾、語言不通、同樣貧窮（或更窮）的台灣女子 [3]。他們根本沒有機會／能力參與公務員考試，國家考試的外省人特權對他們毫無意義，自然也享受不到公務員福利；即使退伍軍人有退休金和18％利息，他們可能每月只領到五千元或更低。他們只能以血肉參與台灣的基礎建設，卻永遠不會有綠卡或雙重國籍，也難以成為政治權貴或文化菁英。

即使如此，這些被中國國民黨（或共產黨）苛待的弱勢外省人（及其後代）中，多數依然心念中國、支持國民黨（甚至共產黨），同時對 "台灣意識" "民進黨及台聯" 深惡痛絕，這又是為什麼呢？

【註解】

[2] 參見前文 "GGY 如何練成" 的註五、註六。此外，電影 "香蕉天堂" 對這些外省人的遭遇有生動的描述，請參見：為什麼大和解不／可能（陳光興）。陳光興此文對電影 "多桑" 和 "香蕉天堂" 有深入的介紹，也從電影出發、用 "殖民vs.冷戰" 對不同族群的人生作了精彩的討論。令人費解的是：身為後／殖民理論大師的陳光興，卻並未以此觀點（後／殖民）檢視國民黨對台灣的統治。

[3] 關於眷村分配，請參見：眷村是不是特權（blackjack）http://blog.1-apple.com.tw/blackjack/index.cfm?Fuseaction=PersonArticle&ArtID=12177&name=#a。關於外省老兵的婚姻，請參見：消失的人口（王浩威）http://blog.yam.com/nocturnes/article/3664058。

自體心理學關於自戀的理論

讓我們先從心理學理論開始。

儘管大部分精神分析學派都認為：自戀狀態是早期發展必經的過程～健康的嬰幼兒都有自戀的情形；但是寇哈特（Heinz Kohut，或譯寇胡特）卻特別強調「成人的健康自戀」。Kohut以自戀來解釋一些健康行為（過去不被視為自戀），因此他認為：終人類一生，自戀都扮演重要的功能，可以是健康的、也可能是病態的，病態的自戀是因為自體（self）的缺陷；小孩的自體缺陷主要因為缺乏來自父母的同理（empathy，或譯 "神入"），但成長後仍可能因為各種壓力而危及自體的完整；這些都會造成病態的自戀，而其主要表現就是無法同理他人。Kohut特別強調自體的觀念，所以他開創的學派被稱為自體心理學（self psychology）。

Kohut 並提出雙極自體（bipolar self）的觀念 [4]：其一是 "誇大／壯志自體" （grandiose self），指個人的企圖心與相關能力，期待展現自我、獲得成就與肯定；其二是 "理想自體" （ideal self），指個人的理想與追尋，來自內化的 "理想化父母形像" （idealized parent imago，不一定就是真實父母）。在生命早期，父母的同理有助於建立健康的自體，而日後的心理健康則有賴於雙極自體的功能：當某一極因故（個人因素、壓力、創傷～）無法發揮功能時，另一極則可能被強化以維持自體的運作，如果仍無法補足其缺陷、或時間太久，則可能出現各種病態，如自大自誇、敵意歧視（對他者的攻擊）、慮病或自殘（對自體的攻擊）。

【註解】

[4] 寇哈特後來又提出三極自體（tripolar self）的觀念，不過我們還是簡單一點好。又：grandiose self同時有正面和負面的可能性／意涵，目前找不到令人滿意的翻譯。

弱勢外省人的大中國情結

前文 "GGY 如何練成I"（以下簡稱G-1）中曾提到：第一代的殖民／難民的 "被迫害焦慮" 如何使其退行、成爲GGY，其中關於難民的部分尤其適用於弱勢外省人。此外，弱勢外省人即使不是出身中國上流階級，比起逃難的恐慌與流離失所、在台灣的貧窮孤獨與艱辛勞役、白色恐怖的迫害，他們在中國總是過得比較安定溫暖，或許還有家人財產留在那裡，這些都會讓他們更想念中國、一心想回去。比起高級外省人，他們（之中的一部分）在中日戰爭中受到更大的傷害，也因此更痛恨台灣的日本遺緒、更不能認同台灣。

至於弱勢外省人的下一代呢？上一代的心態、焦慮都會傳給下一代（見G-1）；弱勢的父母可能貧窮、忙於工作少在家、因壓力而暴躁、也可能因各種原因而身有殘疾、甚至早死 [5]，這些都可能讓子女缺乏來自父母的同理、自體的建立也受到影響。再者，弱勢的家庭處在不利的社會地位，教育資源、社會資源都不足 [6]，這會影響到下一代的競爭力與企圖心（grandiose self），於是他們只好積極擁抱 "理想自體"。弱勢的父母本身無法成爲理想自體的全部，子女勢必要另尋（與父母有關的）認同對象來擔當理想自體，這對象可以是人（人群）、土地、組織、或某種理念；對第二代弱勢外省人而言，代替父母的認同對象不太可能是台灣人民、台灣土地、或民主自由獨立國家的理念，因爲這些距離他們的父母太遙遠，國

【註解】

[5] 弱勢外省人家庭中，父親可能因戰爭、危險工作而受傷或生病、又常是年紀老大才結婚生子，母親可能原來就身有殘疾（見註三），父母間的不同背景又可能造成衝突，更惡化家庭氣氛及各自身心健康，這些都讓子女可能提早失去父母的關愛。

[6] 關於弱勢外省人與高級外省人之間的社會關係，請參見：建中學生的少年殺人事件簿（管仁健）http://mypaper.pchome.com.tw/news/kuan0416/3/13 11639003/200812227223534/

民黨的教育也從沒強調這些概念；於是他們只能認同兩蔣（或馬英九）、國共兩黨、統一的中國～、以之爲 "理想自體" 並擁抱追尋。

從以上的討論，我們也可以理解爲什麼「弱勢外省人不會聯合本地弱勢者、以對抗既得利益者」；也可以理解爲什麼「比起台灣人民，外省第二代往往更愛聽／唱西洋歌、看外國電影」。一部分就是因爲「需要強者（威權領袖、外國）扮演 "理想自體"」，一部分則是因爲「缺少與台灣土地的心理聯結」。

承上所述，「強化理想自體作用以補足grandiose self之缺陷」不一定是病態。但一部分的弱勢外省人第二代，在生命早期時缺乏父母的同理，因之原本的自體結構就不完整、缺乏同理他人的能力，就可能在追尋 "理想自體"（中國、兩蔣、馬英九）時粗暴對待他者～如暗殺江南的竹聯幫份子、郭冠英的黑衣護衛、某些網友的粗暴言詞……；這就是病態的GGY了。

認同加害者

關於一般弱勢外省人的心態中，最令人費解的就是：明明共產黨害他們家破人亡、國民黨也對不起他們，可是他們仍舊會支持其中之一，鮮少會轉而支持其他政治勢力。常見的討論是以 "斯德哥爾摩症候群" [7] 來說明，筆者在這裡嘗試以精神分析理論作更深入的探討。

【註解】

[7] 斯德哥爾摩症候群（Stockholm syndrome）： 1973年八月，斯德哥爾摩有幾名人質被銀行搶匪劫持數日。搶匪以槍殺恐嚇人質，但讓人質能稍作走動。數日間人質和搶匪開始彼此認識，在搶匪被捕後這些人質甚至去探視搶匪，有兩名人質在審判時幫搶匪辯護，其中一人並在搶匪出獄後與之結婚。於是這種 "認同加害者" 的現象被稱爲斯德哥爾摩症候群。

Anna Freud曾描述 "認同加害者" 的防衛機轉：受害者藉由認同而使得害怕的對象成為無害，也讓自己成為加害者；她並舉例：小女孩說「山洞沒甚麼好怕的，只要假裝自己是鬼就行了。」在面對嚴酷的危難時，成人也可能會使用類似的防衛機轉。

如果有人遭受生命威脅（戰爭逃難、白色恐怖），而又（自己認定）無法逃離困境，與加害者合作似乎是合理的選擇～否則就死在當場。尤有甚者，這情境可能重現生命初期（父母掌控生死）的全然無能／依賴狀況（參見G-1），受害者可能退行至嬰兒的心智狀態，因而在潛意識裡、將掌控生死的加害者視同父母親；如果宣傳機器持續洗腦、宣傳加害者的偉大（蔣公是民族救星、毛主席比爹親比娘親…），這樣的認同就更加無可動搖。

根據上述的討論，我們或許可以想像：對弱勢外省人而言，國共再次和談、台灣回歸祖國（「中國併吞台灣」的帝國主義說法），就像是離婚的父母破鏡重圓，流浪的孩子終於可以回家；他們的興奮與期待就一點也不奇怪了。但是他們沒有想到：國共兩黨就像虐待兒童的父母親，並不會因為離婚又復合就不再虐待兒童。i.e. 即使台灣回歸祖國（萬一中國併吞台灣）：中國也不會就此成為民主國家，反而台灣會失去難得的自由民主人權；弱勢外省人也不會就此擁有更富裕的生活，反而會因低薪勞工的競爭而失業，而且可能是受害最大的一群人。當然，大部分台灣人民從沒把國共兩黨當作父母，所以對我們而言，這不過是：勢力衰退的強盜與別的強盜合作，繼續壓迫善良的人民。

當然，上述的現象（認同加害者）不只出現在今天的台灣，也出現在拒絕協助的家暴受害者身上，出現在納粹和蘇聯的集中營，出現在人民公社和反右專政時，出現在白色恐怖的冤獄中，也出現在所有的極權國家……；只希望不要再出現在未來的台灣。

誰在挑撥族群

在民主改革後，外省人喪失了一部分特權與優勢（見G-1），外省權貴深感威脅，於是用種種方法拉攏弱勢外省人、以對抗本土政治勢力，然而弱勢外省人長期被他們（高級外省人）欺壓，也享受不到（或極少）高級外省人的特權福利（見前幾段與註三、註六），他們怎麼會跟高級外省人合作呢？

外省權貴要拉攏弱勢外省人，主要是用**挑撥族群**的方法：誇大台灣人民對外省人的仇恨，包括：趙少康在競選台北市長時造謠：「陳水扁當選、就會把外省人趕到海裡去。」中國時報在紅衫軍時偽造新聞：將游錫堃說的「中國人～」扭曲成「中國豬～」；在這樣的狀況下，不明就裡的弱勢外省人就再次受騙、認同加害者了。

統治者將某些特權給於特定族群（見G-1的註四），但只分配極少的利益給弱勢外省人，平常也不見得很照顧他們；但每當有人質疑外省權貴或相關社群（軍公教）的特權時，既得利益者就會想到（沒多少特權的）弱勢外省人，用無辜的他們當人肉盾牌：「這些外省人很可憐啊！」或者說：每當有人挑戰"外省人特權"，既得利益者就轉移焦點、說對方攻擊"外省人特權"、造成所有外省人的不安。統治者的行為（給特定族群特權、在族群內部分配不公、卻用弱勢者當人肉盾牌）才是踐踏弱勢外省人、更是**挑撥族群**啊！

當然，既得利益者的**挑撥族群**能夠成功，也是因為綠營政客往往以全稱"外省人"來指涉外省權貴：在論述族群關係時，常忘記外省族群是有高度異質性的群體、弱勢外省人的社會位置與外省權貴完全不同～或許有些綠營政客從沒考慮過階級關係；這也是綠營政客需要檢討之處。如果日後綠營政客能夠考慮到族群內的異質性，建構更細緻的族群論述，以及更細緻地討論特權問題、避免波及無辜或弱勢，甚至協助弱勢者向權貴爭取合理權益，或許有機會降低弱勢外省人對"台灣意識"的嫌惡吧！

後記

在寫這篇文章時，筆者的心情很矛盾。因為我在談論的人，是為台灣民主公義犧牲青春的白色恐怖受難者，是用血肉造橋鋪路的低薪工人，是老莫也是若松，是李師科也是王迎先 [8]；他們是在我小時候、每天做好熱騰騰的包子饅頭、在巷口叫賣的伯伯，也是現在、每天坐在大廈大廳、向我家人親切打招呼的"也爺"（孩子們都這麼叫）。對這樣的一群人，要談甚麼質疑批判都令人不忍。然而，當我看到他們中的某些人、對著野草莓的學生叫罵、罵學生們不愛國，當我看到他們下一代中的某些人、穿著黑衣、毆打抗議郭冠英的民眾，我想有必要對這事作些嚴肅的討論～於是有了這篇文章。筆者選擇自體心理學作為討論依據，也是希望能寫出比較友善的論述，因為Kohut是最強調"同理／神入案主"的精神分析師。而在文章的最後，筆者想再澄清幾點：

首先，"推崇中國文化、熱愛中國人民"不見得是病態，但"鄙夷台灣文化、蔑視台灣人民"就是病態了，應該被質疑批判；如果鼓吹暴力對待弱者、甚至真以實質暴力攻擊台灣人民，更應該被法律制裁。另外，筆者想提醒嚮往中國統治的人：在自由民主的台灣，可以指責民進黨貪污腐敗、可以嘲笑"台客沒水準"、還可以參加中華統一促進黨，結果最多是被輿論批評、或是被筆者當作分析的題材～這絕對稱不上"法西斯"；但是在中華人民共和國統治下，如果你指責共產黨貪污腐敗、嘲笑"中國人沒水準"、或是膽敢參加法輪功，那麼你的部落格會被抄台、甚至你會人間蒸發～這才是真正的"法西斯"。

【註解】

[8] 關於電影 "老莫的第二個春天"，請參見：http://mypaper.pchome.com.tw/news/oldmovie/3/1310168514/20080911132448/。關於李師科／王迎先案，請參見維基百科～李師科案。

05
GGY如何練成III—台皮膚、華面具

作者：老皮蛋

前文 "GGY 如何練成I"（以下簡稱G-1）以及 "GGY如何練成II"
（以下簡稱G-2），都是針對外省人作討論 [1]。根據過去四大族群
的分類，還有福佬人、本省客家人、原住民尚未論及，他們的GGY
complex/ phenomena又是如何呢？本文試圖對這問題作初步的解答。
因為這種分法其實是統治者用以挑撥族群的建構，所以我將討論重
點放在其共性～被殖民者，而不多著墨於各自族群的差異 [2]。同樣
的，疏漏或以偏概全在所難免，但筆者將盡可能誠懇地貼近他們的
狀況。

【註解】

[1] 前文使用「高級外省人」、「弱勢外省人」是沿用極品GGY郭冠英的用
　　詞。本文中將使用「（中國）殖民者」指稱高級外省人，使用「中國移
　　民」或「戰後移民」指稱所謂的外省人。

[2] 本文中出現的「台灣人」，原則上包括福佬人、客家人與原住民。筆者
　　並非否定這些族群的差異或矛盾，但比起殖民者與被殖民者的差異／矛
　　盾，台灣人的族群間矛盾都顯得不那麼有急迫性；對我想討論的主題
　　「GGY 如何練成」而言，更是意義不大～GGY主要與「殖民者vs.被殖
　　民者」有關。

沒有殖民母國的殖民地

日本帝國在1945年結束對台灣的殖民統治 [3]，台灣並未獲得解放，而是成為另一個國家的殖民地；而在1949年，殖民者失去對母國土地的統治權，更強化其被害焦慮、更不信任他者／台灣人、更不願意放棄特權（參見G-1），於是沒能擺脫其殖民性格，乃至使台灣成為：沒有殖民母國的殖民地 [4]。

時至今日，有一部分的殖民者特權已被取消，但非全部；而過去的特權也讓殖民者占據有利的位置（政治、經濟、文化、媒體宣傳、教育學術⋯），可以繼續掌控權力並奪取資源，也可以藉此培植後繼者、延續此集團的優勢地位。用後／殖民理論家Ashis Nandy的語言來說，戰後的台灣正是典型的「內部殖民」（internal colonization）。

除此之外，殖民統治對被殖民者的心靈產生深刻的影響，讓他們相信「殖民者比被殖民者優越」，這是殖民者強加的「被殖民情結」；這種「內心的殖民」與「政治經濟的殖民」互為表裡，前者較隱微、但影響更深遠；即使未來殖民者的所有政經特權都被取消，「內心的殖民」仍可能發生影響，導致人性的扭曲。

台皮膚、華面具

法農（Franz Fanon）的「黑皮膚、白面具」（Peau Noire, Masques Blancs, 1952）被視為是後／殖民研究最重要的奠基之作。這本書討

【註解】

[3] 在「內地延長政策」之下，日據後期台灣的地位與命運、不像其他的帝國主義殖民地一般悲慘；相對於一般殖民者對待被殖民者的態度，在台日人對待台灣人民也比較友善；這也就是為什麼會有「海角七號」的原因。

[4] 關於台灣的殖民統治，請見下篇「台灣的島內殖民」。

論的是法屬西印度群島的情形，卻與台灣的情況有驚人的相似性；這本書談的是黑人與白人殖民者的關係，但閱讀時卻另人冷汗直流：彷彿在描述台灣人與中國殖民者的關係。

本書導論中提到：「…黑人不是人。…黑人只有一種命運，那就是白。」且容我改寫如下：「…在殖民者的眼裡、以及在其他GGY的潛意識裡，台灣人不是人。…在殖民體制／文化規訓下，台灣人只有一種命運，那就是成為中國人。」

在中國殖民者的評論中：如果台灣人表現出日本風情，就是「前殖民文化陰影」「媚日」；如果台灣人受西方藝文薰陶、或擁有西方的民主自由思想，則是「商業資本帝國的內在殖民」「後／殖民的表現」「崇洋」；如果都沒有呢？就是「沒有國際觀」。總而言之，台灣人只能「學做中國人」（好像在哪裡聽過這句話），可是怎麼學都會差一點點，於是就會被視為「次等中國人」。

該書第六章「黑人的精神病理學」寫道：「白人（及其他非黑人）把自己（不能接受）的願望投射到黑人身上，表現得如同黑人真有這些願望一樣。…黑人被遮蓋了。他變成了器官，他就是陰莖。」在中國殖民者的投射中，台灣人並沒有榮幸成為陰莖，卻成為「俗」「台客」「一高二低」「沒文化」「愛講髒話」「被殖民慾望」「法西斯」「賤斥／歧視中國人」，殊不知這些正是中國殖民者本身的特質／慾望，只是被否認、投射到他者（台灣人）身上罷了 [5]。

【註解】

[5] 關於投射的機制，可參見G-1的理論介紹。關於「台客」「沒文化」「愛講髒話」「被殖民慾望」，可參見「GGY的超克」中的問題一和註三；關於「法西斯」，請參見G-2的後記。關於到底是誰「有被殖民慾望」「歧視中國人」，只要比較「哪一個族群有最多人移民海外」就可以了解；請參見本書：一個「中級外省人」的GGYY（by ratiomodus）。

如果只是殖民者這樣看台灣人也就罷了；可悲的是：有些被殖民者也內化了這價值觀，形成難解的自卑心結，同時透過「認同加害者」的防衛機轉（參見G-2），表現出對其他被殖民者（同族或不同族）的輕蔑，這就是典型的台灣人GGY [6]。

失去殖民母國的殖民官員

Fanon提到：這樣的自卑感不只存在於被殖民者中，殖民地官員也有類似的現象。他們常有過客心態，一心想回到殖民母國；可能深以流落殖民地為恥、或是將殖民地官職作為「返回母國晉升的跳板」。如果沒有母國可以回去呢？只好另外找一個「先進國家」（常為美國）權充殖民母國，這些殖民地買辦／官員，或許結合跨國資本榨取殖民地資源、或許在退休後立即移民「繼-母國」[7]、或許早在退休前就讓家人先移民（如馬英九）…。

以上所述，很可能是「台灣許多中國殖民者／高級外省人移民美國」、「許多官員持有綠卡、甚至雙重國籍」的原因之一；因為對殖民者而言，母國的國籍不算是雙重國籍。現在中國（「原生-母國」）對這些流亡／殖民官員重開大門，於是許多官員爭相朝貢或置產、退休後就在中國養老，以後的殖民官員、可能就會有另一種雙重國籍（母國不算？）…。這個特殊的自內／外壓殖民主義

【註解】

[6] 目前占領派（統派）政客媒體對阿扁窮追猛打，綠營政客紛紛與之切割；或許也可以視為「殖民者投射其慾望／特質、被殖民者認同加害者」的表現。

[7] 繼-母國（step-metropole）及原生-母國（original metropole），筆者自創名詞，尚待深化發展。相較於新殖民主義的其他內部殖民國家，台灣的官員或買辦資本家、有更高比例會在退休後移民；這是否與「失去母國的殖民地」的特殊狀況、以及「殖民地官員回返母國」的心態有關，值得未來續作探究。

（internal／external colonialism, Ashis Nandy）糾結狀況，應該很值得台灣的後／殖民研究者進一步探討，可能會有獨步全球的成果。

語言及文化殖民

Fanon在書中說到：因為在地文化的原初性（或者原來的在地文化）被埋葬，被殖民者產生了自卑情結，他們被迫面對／學習「開化者」[8] 的語言、母國的文化；當他拒絕他的黑（台），它會變得更加的白（華）。…法屬安地列斯人自認比較開化，會因被視同塞內加爾人而生氣。…當他有幸一遊殖民母國，回鄉後就會自認為高人一等，即使只在馬賽的港口停留兩天、他也會向鄉親吹噓「羅浮宮的藝術品多美、巴黎聖母院多令人感動。」

在台灣，所有的文化被說成來自中國（沒有原初性）～我為我的原住民先祖哭泣、為唱日文兒歌給我聽的外祖母流淚～，在地的語言文化被壓迫、被否認；許多的台灣人（包括過去的我）產生了自卑心理，被迫學習「國語」而歧視／不能說自己的母語，嚮往長江黃河而忘記濁水溪秀姑巒溪，熟讀李白杜甫卻不知道賴和楊逵是誰。

因為我說國語沒有客家／台灣口音（卻有奇怪的似香港口音）、會背唐詩宋詞元曲、記得中國歷代皇朝的順序，於是被老師（不自覺的殖民者代理）選為班長；之後更加輕蔑我的同學和鄉親、在家中更不肯說母語、並與原住民 [9] 保持距離，以身為「堂堂正正的中國人」（其實只是次等的殖民者代理）自豪。高中在台北中國城念

【註解】

[8] 以流行的白人中心主義而言，法國的確比殖民地開化。但是筆者想不出來：中國殖民者哪一點比台灣人民開化？或許只在殖民者自己的想像中吧！

[9] 因為台灣的GGY文化，我直到二十幾歲才被告知「有原住民血統」；我痛苦的GGY療癒過程得以展開，這是原因之一。

書，我更自以爲高尚、見過世面，更自以爲和鄉下台灣人是不同的人種～～這是我恥辱的GGY個人史，也是眾多台灣人共同的成長經驗。

另一位後／殖民理論家Aimé Césaire，曾被法國作家André Breton稱讚「這是位能夠駕馭法文的黑人，當今沒有一個白人能像他那樣駕馭法文。」然而Fanon認爲：對個人的稱讚、背後是對族群的歧視；而筆者中學時也聽過老師（戰後移民）類似的「稱讚」。無妨，且看筆者～客家＆原住民的「雜種」（郭冠英語）～如何繼續駕馭中文吧！

殖民者與被殖民者的婚配

在「黑皮膚、白面具」中，Fanon也描述了黑女白男和白女黑男的性／愛與婚姻。他提到：黑人女子常希望可以和白人男子結婚，期待下一代變白；混血女子更以和黑人結婚爲恥。黑男白女的愛情常沒有結果，可能是因爲男方的自卑、或是女方家人的偏見。

在台灣似乎沒有如此明顯的族群偏見，門當戶對或攀龍附鳳，主要是講究財富、而非血統。過去常有「原住民女子與中國來台軍人結婚、藉聘金改善家庭經濟」，這大概是經濟動機而非身分提升。然而就筆者所知：這樣的結合，婚後妻子常被限制回娘家，孩子成長後也常以母親的血統爲恥；這也是殖民教育（吳鳳神話…）的結果。

然而台灣曾有一種特殊的「家庭」現象：在過去高普考「分區錄取」的時代，某些省籍移民的錄取率高達百分之百、而台籍考生卻在百分之一以下，導致有些台灣人爲了通過考試，就認外省人爲養父以求通過考試；甚至有「與外省人假結婚、取得外省籍」的情形。這與前面所描述的「黑女透過與白男結婚來漂白基因」雖有不同，但都源自於殖民地的不公義社會結構。

被殖民者的GGY心理動力

Fanon在該書第六章「黑人的精神病理學」寫道：「我們在有色人種身上發現（與白人）相反的情形：在正常家庭裡長大的正常黑人孩子，只要跟白人世界接觸就不正常起來。」這在台灣也適用，回顧筆者的成長經驗（見前述），小學前很願意講母語、不會歧視任何人，可是上了小學、開始接觸殖民者（代理）、加上講「方言」要被罰錢，筆者就成爲GGY了；其後到台北中國城居住，症狀又更嚴重。筆者也在許多其他人身上發現類似的情形。

Fanon引用Sigmund Freud「被潛抑創傷的重返」理論說明這狀況：在黑人／台灣人小時，看的童書（電視）都說「白人／中國人是好人，有色人種／匈奴吐蕃百越 [10] 是壞人」，小朋友都以爲自己是好人（白人／中國人）；直到接觸真正的白人／中國殖民者，被殖民者才發現「好人」是別人、自己不是真正的「好人」（因爲膚色、

【註解】

[10] 中華帝國在擴張領土時，史家爲合理化侵略／殖民行動，都會強調漢族中心主義、醜化周邊少數民族，將其描寫成野蠻落後陰狠、無端侵擾邊疆，卻忽略漢族本身的侵略或野蠻行爲。吐蕃國土即今之圖博，過去中華帝國醜化吐蕃，現在中國也繼續醜化達賴喇嘛；百越是中國古代史中、活動範圍（閩浙之間）最接近台灣的少數民族，也曾被某些電視劇醜化～當然最被醜化的還是匈奴女真等遊牧民族。台灣小孩在童書電視上常看到「非中原民族的負面形象」，在接觸到「真正」的「中原人／文化」（戰後移民、較晚離開中原）之後，才會意識到自己是「非中原人」（海島居民、可能有百越或台灣原住民血統）。

習俗、語言不同）～那是多麼可怕的混亂啊！所有被潛抑的兒時創傷經驗都重返了，於是當事人退化、使用原始的防衛機轉 [11]：因為自身被否定，所以認同殖民者、想要成為其中之一，緊抓殖民者的文化價值、當作理想目標，同時投射自卑感至外界他者（其他鄉親、原住民、客家人或福佬人、東南亞移民、罕有弱勢中國移民，更不會是殖民者）、開始會歧視他人；以上種種，都是典型的GGY complex。

因為媒體的推波助瀾，許多被殖民者努力地學習殖民者，包括學習「歧視其他被殖民者」、以證明「自己和殖民者一樣高級」。像「康熙來了」「全民最大黨」等節目，都常以嘲笑台客形象為笑點，一些缺乏自信的群眾（台灣人或戰後移民都有），也跟著嘲笑台客，這就使GGY成為一種流行了。

為何在被潛抑創傷重返的時候，（大部分）被殖民者會選擇認同殖民者的價值，因而自卑、而GGY；卻不是擁抱本土、擁抱被殖民者、進而反抗殖民者呢？一方面我們可以從自體心理學 [11] 來理解，

【註解】

[11] 關於創傷經驗、退化至原始防衛機轉，可參見G-1的介紹。Fanon係根據S. Freud的理論描述創傷經驗，筆者認為稍嫌模糊；如果根據M. Klein的理論，我們可以推論：「發現自己不是好人」活化了嬰兒期的被害焦慮（攻擊／害怕懲罰）。亦可參照G-2介紹的自體心理學理論，更可以理解「自身（grandiose self）被否定時，更加緊擁殖民者形象／文化（ideal self）」的心理動力。

另外也可以從拉岡（Jacques Lacan）關於「父之名」[12] 和語言的理論來理解。

再談語言的殖民

Fanon在書中提到：掌握某種語言，也就掌握了這語言所表述指涉的世界。然而根據拉岡的理論：我們不太可能掌握語言，反而更可能被語言所掌握。當我們學習中文，同時也在學習（並內化）中文的思考模式、以及教中文的人（殖民者）的意識型態。殖民者意識型態也因此佔據了「父之名」的位置，決定了被殖民者的理想、慾望與認同。

當我們說「西藏」「新疆」而不說「圖博」「東土耳其斯坦」，就會以為她們屬於中國，忽略過去她們的獨立地位、以及現在人民的獨立意願；當我們說「奮起湖」而不說「畚箕湖」，就會以為蔣介石開發了這個地方，忘記鐵路是日據時代建的，此前早有原住民住在這裡；當我們說「仁愛鄉」和「信義鄉」，就會以為中國人發現這個地方，忘記泰雅族和布農族早在這裡住了幾千年。就像美洲原住民住了幾千年的島嶼，西班牙殖民前鋒哥倫布初來乍到，就以國王的名義宣布占領、並命名為薩爾瓦多，而我們也真以為是哥倫布發現了新大陸。

當我們說「台灣光陸」而不說「國府領台」，就不會知道舊金山和約並未規定台灣歸屬；當我們說「外省人」而不說「中國殖民者」、「戰後移民」，就會忽略國民黨政權的殖民本質；當我們說「蓬萊仙島」而不說「Formosa」，就會以為台灣是屬於中國的東南疆域，忘記台灣其實是西太平洋、美麗而獨立的島嶼；當我們說「大陸」「內地」而不說「中國」，就會以為那是國內的一個地

【註解】
[12] 參見「GGY的超克」註一。

區、忘記六十年來都是不同的國家；當我們說「中國統一」而不說「中國侵台」、「武力占領」，就會忽略中國霸權的帝國主義本質。

所以，如果不得不使用殖民者的語言，我們必須小心排除其中的殖民者意識型態，並重新創造（或還原）屬於被壓迫者的語詞，賦予這語言去殖民／反壓迫的能量。

不同族群的被殖民者

Aimé Césaire曾提到：殖民者常分化被殖民者、製造其內部矛盾，藉以癱瘓反殖民力量、遂行殖民統治。這正是台灣的情況，國民黨政權透過媒體或耳語宣傳，不斷強化福佬客家之間的矛盾、以及原住民對反對派的不信任 [13]，甚至虛構出「福佬沙文主義」；藉由這種「挑撥族群」的技倆，殖民者的特權被默認，統治者的殖民本質被遺忘，最嚴重的不義被忽視，於是被殖民者的團結成為（幾乎）不可能。

那麼福佬人裡面有沒有GGY？有沒有人歧視弱勢？當然有，最近就有兩個明顯的例子：一是郭素春、一是盧嘉辰。盧嘉辰的名言

【註解】

[13] 筆者自小生長在客家庄，每到大型選舉就會聽到耳語：「某某是福佬人，不會對客家人好。」而這種耳語常來自於國民黨機構。大學時認識一些原住民朋友，他們也談到類似現象：常有耳語醜化反對派政治人物，稱其必然會壓迫原住民、取消原住民福利等等。然而我們看到：正是在福佬人執政時，台灣有了客委會、原民會，有了客家電視台、原住民電視台，還有了桐花祭。參見「從郭冠英事件看『本省人原罪』」（by 打果泥）及「誰在挑撥『族群』？誰在消費『階級』？」（by Shinichi）

是「陳菊中風是拆蔣銅像的現世報」[14]；郭素春則是說過：「高水準～不想生小孩，反而是那些知識水準較低的、做工的人，～那些人反而生的孩子越多！」一是對病人、一是對弱勢勞工，兩人都缺乏最基本的同理心（簡稱「沒人性」）。然而這兩個歧視者是「福佬沙文主義者」嗎？當然不是，他們可是如同上文描述：以殖民者爲認同對象、甚至參與殖民統治的附庸。福佬血統／文化非但不是他們傲慢的根據，還可能是鄙夷／亟欲擺脫的對象。

「福佬沙文主義」這個詞的出現，一是誤會、一是統治者的虛構。在殖民體制下，殖民者最可能歧視他者，其次就是認同殖民者的他人：例如前文所述的台灣人GGY，或是Fanon書中「歧視塞內加爾人的安地列斯人」；而他們認同的都不是自己的族群、反而是殖民者族群。因爲GGY的成因就是缺乏自信，他們不太可能以被殖民／賤斥的群體作爲認同對象、那樣撐不起他的自我價值感。

　　一般而言，原住民較少有GGY phenomenon，但有一個特例：馬英九接見原住民頭目時，有頭目向馬嗆聲，原住民立委孔文吉就質詢原民會主委：「是哪一個頭目？頭目怎麼挑的？」孔文吉認同殖民者、輕賤自己出身的被壓迫族群，這就是典型的GGY了！

【註解】

[14] 請參見：郭冠英+盧嘉辰：政治鬼打牆在台灣？！（by Shinichi）；從郭冠英事件看『本省人原罪』（by 打果泥）

06
GGY如何練成Ⅳ－後／殖民之後

作者：老皮蛋

後／殖民之後？好偉大的題目，大概只有極品 GGY 才講得出口。
筆者不敢自認是極品 GGY，只是在寫作「GGY 如何練成」的過程
中，發現GGY與後／殖民現象息息相關，又想另寫一篇「後記」
澄清可能的誤會，所以就有了這篇「後／殖民之後（記）」。事實
上，在我寫了這些「後／殖民」之後，我最想做的事就是：陪小孩
一起聽「海角七號」的電影音樂。～咦！「海角七號」未嘗不可以
作爲「後／殖民之後」的一種可能。且讓我先補充前文「GGY 如何
練成Ⅲ」中、關於「台灣的島內殖民」的說明。

台灣的島內殖民

筆者之所以說台灣並未在1945獲得解放，乃是因爲當時「大小貪污
互相搶奪接收敵產者到處有之，弄文舞法者或倚藉武力以欺壓人民
者比比皆是。人權不能得到保障，言論出版失去自由，財政破產，
物價繼續騰貴，廠礦倒閉，農村日益衰微，失業者成群，無法營生
者不可勝算，全省人民不堪其苦，敢怒不敢言。」（王添燈）情
形比日據末期惡劣許多。而陳儀政府以台灣人「多未參與行政工
作」、「不熟悉中國話」（怎麼不說中國殖民者不熟悉台灣話）、
「受日本完全奴化」、「是次等領土上的次等國民」[1]爲由，排擠

【註解】

[1] 王添燈是二二八事件處理委員會委員，在事件中被捕殉難；引文出自他
　　所擬的「二二八事件處理大綱」。其下引文散見於二二八事件相關史
　　料，「次等領土上的次等國民」是行政長官公署秘書長葛敬恩所言；請
　　參見：「二二八回顧與檢討」www.taa-usa.org/tmp/228_Atlanta.ppt

政府機關內之台灣人、大量安插殖民者官員；當時行政長官公署內之台籍官員只有二十分之一，一般政府機關內台籍官員也少於十分之一；少部分外來者統治多數當地人，加之以種族歧視的心態，正是典型的殖民統治。

1949之後，國民黨政府持續地執行族群差別待遇，在政治及人事制度上：在公務員考試時「依省籍分配名額」、另設許多特種考試（只有殖民者有機會參加），給予軍公教（戰後移民居多）許多特權（免稅、住宿水電補助、子女教育補助～），中國來台國會議員不需改選、死後由同鄉遞補…[2]；在語言文化上：推行國語、限制台灣語言使用，埋沒或竄改台灣歷史、更改地名路名，在教育中忽略本土材料（歷史地理文學皆然），並由殖民者壟斷傳播媒體、學術藝文各界的重要位置…。

可能會有讀者認為：這些都是過去的事情，何必提它？事實上，很多事並未過去：高普考雖不再依省籍分配，但仍有許多只有少數人能參加、甚至因人設考的特種考試。軍公教特權依舊、而這也會影響下一代競爭力。即使是已經取消的不公平待遇，仍然必須檢視它對社會造成的影響。只有理解「過去」，才可以理解「現在」。

就以最近的經濟不景氣為例，許多家庭財務大受影響（無薪假、失業），甚至子女失學～某私立大學有近半學生沒在新學期報到。此時軍公教人員仍領取高額福利補助、退休人員繼續坐領高額退休金，他們的子女還享有教育補助；這讓失業的家庭、失學的學生情何以堪？馬克思（Karl Marx）曾論述「社會關係再生產」（reproduction of social relations），上述狀況不就是「殖民關係再生產」（reproduction of colonialist relations）嗎？

【註解】

[2] 參見 "GGY 如何練成I"註四、註七。

海角七號與後／殖民之後

根據筆者的推論，「海角七號」裡的阿嘉跟筆者一樣、是個「雜種」（hybrid，[3]），阿嘉是殖民者和被殖民者的雜種，筆者是兩個被殖民族群（原住民與客家）的雜種，然而在文化上，筆者和阿嘉都是殖民者和被殖民者的雜種。「海角七號」本身也是雜種，在技術上、在形式上，他受惠於許多的殖民主義文化（「電影」這東西就是如此），也受惠於被殖民者的在地文化（北管月琴）；在內容上更是新舊殖民主義並陳（日籍老師、英文歌曲…），更有豐富的、被殖民者的在地文化（不必舉例吧）。

在電影中，在地的被殖民者(福佬、客家、原住民、以及日本文化的雜種)向阿嘉表現善意、並證明在地文化的深度，於是阿嘉逐漸認同了被殖民者、超克了GGY complex，並用雜種的熱門-古典-北管音樂為庶民（subaltern, Spivak）發聲。在現實中，「海角七號」也以「貼近庶民的雜種」姿態、向人們證明了台灣文化的精彩，感召了許多觀眾（包括筆者、包括一些不太嚴重的GGY），使他們更認同台灣，甚且有網友自此開始為台灣發聲。例如：當殖民者文化打手污衊「海角七號」時，有許多網友撰文反駁。

基本上，前述的解讀並未超越Homi K. Bhabha的理論，當然稱不上「後／殖民之後」。然而筆者想要強調：在台灣，殖民關係被充分探討、並成為多數人的問題意識之前，過份強調「雜種」（尤其是「殖民者和被殖民者的雜種」）是危險的，反而可能消解反抗的力

【註解】

[3] 參見「GGY的超克─海角七號測驗題」。「雜種」（hybrid, hybridity）是Homi K. Bhabha提出的理論：在政治領域的（再）詮釋過程中，「雜種」有干擾、瓦解殖民主義的潛能。「雜種」是積極正面的觀念，郭冠英學問太差，才會把它當負面的語詞。

量。「雜種」可以是身分、可以是策略，但目標仍應該是「（為）庶民發聲、召喚群眾的認同與行動」。

後記

在這幾篇關於GGY成因的討論中，筆者把焦點放在後／殖民問題上，並非認為這是歧視／自卑的全部因素，更不是否定階級、性別、身體～等各種壓迫／歧視的重要性，或是認為這些其他問題都可用後／殖民來解釋或命名。之所以把焦點集中於後／殖民現象，一方面是因為：GGY的濫觴是「高級外省人」的言論，而後／殖民的確是了解他、了解GGY、了解台灣的一個重要參考座標；另一方面是因為：在台灣這問題有其急迫性，如不提高警覺，隨時可能失去國家主權、或失去得之不易的民主自由人權、甚至失去生命（想想圖博人民）。

在短短幾篇文章裡面，筆者試圖要釐清台灣的後／殖民問題、與歧視／自卑心理，當然是不可能，引發的新問題可能比解決的問題更多；這正是人類思考的必然結果，筆者也歡迎對拙作的質疑與批判，更樂見有更深入的分析討論。然而，如果只是質疑筆者「證據不足」，這樣的批評卻是無助於拓展人類知識～除非能提出更具說服力的反證。基於實際需要，筆者必須省略大部分的史料或論文引述，但非游談無根；基於專業倫理，筆者更需要避免提及個案狀況（除了筆者自己），卻不是憑空推論心理歷程；當然，涉及人類的知識，再多證據也不算足夠，也只能留待日後努力了。

筆者深知：拙作所用到的語詞中，指涉人的詞彙動輒涉及百萬人甚至千萬人，其中必有極大差異，任何論述都難免過於化約（包括質的化約或量的化約）；而筆者引用的概念或術語，也都有豐富內涵，任何討論都可能失之簡化。而且，筆者擺盪於兩個角色之間：一是嘗試以同理的（empathic）態度扮演土著報導者（the native informant, Spivak），二是嘗試以理智的態度扮演（有理論基礎的）思考者、以補充「主流化」的可能性；矛盾或散亂更無法避免。但

筆者的動機明確：爲被殖民壓迫者（subaltern）發聲 [4]～即使這是不可能的目標，而「被壓迫者」也是有內部異質性甚至內部矛盾的。同前所述，我歡迎質疑批判，更樂見能深化或補足我疏漏的討論。但筆者期待的是：這些討論能更貼近被壓迫者；或說：這些討論能有助於「被壓迫者的覺醒／團結／行動」、「使被壓迫者成爲起義者(insurgent)」，而不是「分化被壓迫者、消解反抗力量」、或只是學院裡的智性遊戲。

拙作的行文、用詞（尤其關於殖民、壓迫與起義）、理論引介（Fanon）～等，或許會讓某些讀者心驚：莫非主張武裝起義？事實上，筆者雖然仰慕Fanon這位前輩，但仍衷心期盼：去殖民／反壓迫可以是非暴力的；然而，這只有在「統治者／殖民者不使用暴力」的條件下才可能。

最後，筆者想引用Ashis Nandy的一句話：「任何對於殖民主義的研究，唯一的道德 (ethical)立場是，站在被殖民者那裡的。」並將其延伸爲：「任何關於人類的研究，唯一的道德立場是，站在被壓迫者那裡的。」尤其在面對台灣-中國（以及圖博-中國、東土耳其斯坦-中國）問題時，這更是思考者應時時提醒自己的。

【註解】

[4] 一般可能將subaltern翻譯成庶民、賤民、或從屬者。此段的思考主要根據Gayatri Chakravorty Spivak (1988)：Can the Subaltern Speak?

07
GGY情結(GGY complex)

作者：ideolotopia

郭冠英作爲台灣的國家公務員、外交官，以「范蘭欽」爲筆名，辱罵台灣爲「鬼島」、「歹丸」，同時認爲自己是「高級外省人」，台灣人則爲「台巴子」等言論，並以「言論自由」，作爲羞辱他人爲理由，自我辯護云云，在全台引起了喧然大波。如果我們要避免族群衝突、並不是不去談論背後族群的差異，而是正視「郭冠英事件」在台灣歷史上，重新探討「族群問題」、「國家認同」上的一個重要契機。這並非如郭冠英聲稱「范蘭欽是個了不起的概念」─所創造出的分裂人格與仇恨 ─，而是在「范蘭欽的概念」背後，反映了一個「郭冠英情結」（Guo Guang Ying complex），在此僅取「郭冠英」英文名，每個字的大寫，我們稱爲「GGY情結」（GGY complex）或簡稱爲「GGY」。因此，這裡不針對郭冠英本人，而是簡單說明這個情結背後的集體現象，以及我們對這個「GGY情結」可能的反省。

試圖爲這個「GGY情結」下個定義

「GGY」定義 一：
「殖民背景下的移民者，在遷徙至異鄉，透過制度的特許或是隔離，不願或無法產生融入當地生活的障礙，以不斷地追憶原有國族鄉愁，作爲內在人格的投射，然後自以爲高級，並歧視其遷居地的人、事物及文化。」

不同於一般移民，因爲生活困難或追求更好的生活，遷徙到另外一

個地方，努力想辦法融入到當地（如許多台灣移民到海外的人）；但世界歷史上有一種移民，可以不用努力融入當地環境，並自以為高人一等，就是殖民統治保障下統治階級的移民。如鄭成功來台時的華人，南非的白人統治階級、日本人統治台灣的高級心態、國民黨的外省權貴…。

殖民的統治者，還帶著一群跟隨他的移民者，不管自願或非自願，這些「殖民是移民」來到新的地方，嫁接了殖民母國的「國家認同」以及「文化想像」到當地，鄉愁增加了他們想像上的美好。不過我們所說的「高人一等」的GGY情結，**並不必然**發生在每個「殖民式移民」的身上，因為對母國的想像懷念與鄉愁，與他們與當地的情感並不衝突；也不是每個「殖民式的移民」都可以獲得政經利益，但是他們卻在情感上最容易被政治動員，或被意識形態綁架的一群，這些人亦是相對弱勢，因此，他們並非我們可以稱之為「GGY」的一群人。所以在定義一，我們只將GGY設定在殖民者所製造的「統治階級」上，這個統治階級，不管是在「權力」還是「利益」都受到特別的保障。儘管有殖民式移民在政經利益上是相對弱勢的，但由於受到統治階級的意識型態所規訓的影響，他們還是無形中產生了一種「超乎現實」的自我肯定，一種優越感。

當殖民式移民進入到新的遷居地之後，在大多數外來統治者，一方面，以「制度」限制當地人的晉升管道；另一方面，從原有遷徙來的族群中，挑選一批人培養，給予特別優渥的政經地位，共同形成一個相對於「被統治者」的高級感，在受到國族文化想像教育的強化，也阻礙他們融入當地生活的意願。這個現象通常發生在第一代和第二代「殖民式移民」。這種「殖民統治下的高級感」，也就是第一層意義上的GGY。

一旦這個族群，不再擁有政經特定的世襲或朋黨優勢時，這個高級感，可以透過先前的歷史文化的虛構論述，來鞏固其高級的存在感。因此，他們的存在意識，只能國族想像連在一起，但這個想像

過於巨大，以致於和現實無法契合，他們不願安心融入遷居地，也不願意真正爲到原住地。卻投身在歷史虛構下，漂泊式想像中，內心不斷出現「分裂意識」，這個分裂意識的發揮，並非是單純地屬於自我的內在，他們也會以優越感、對他人毫無基礎的歧視，來掩飾自身的虛假，並利用這種虛假的優越感，反過頭來，繼續投機地取在不當的社經地位。「GGY」被視爲在殖民過程中，針對特定統治族群，從「制度」到「文化」，所塑造出內在或是形諸於外、封閉的優越感，進而歧視他人。

第一個意義下的「GGY」會漸漸脫離「族群、起源」的問題，而變成徹底的「階級」問題，並以一種「人性、太過於人性」的方式，繼續遺留著。我們進入到

GGY定義二：
「自以爲高級地，低級地歧視他人。」

GGY進入到制度所創造出來的「高級」心態。這個心態形成了一個族群，我們稱之爲「高級的族群」。
一旦細究，可以區分爲幾種不同的「高級族群」。
1. 做一個統治階級的高級：他是真正的主人。權力與利益的擁有者、支配者與分配者，同時也是創造了一套統治的話語。
2. 幫統治階級管理的高級：主人創造出的一群家奴，用主人需要的忠誠，分享著主人的高級感，甚至以主人自居。
3. 被管理者的高級：主人以美德之名行馴服之實，主人告訴他，「服從就是一種美德」，被管理者以服膺主人所創造出來的道德，並與其符合，需要透過不斷地自我說服：「他是對的，是爲我好」，才能自我肯定，並產生一種驕傲的榮譽感。尤其，當他被主人讚許時，會自動昇華到一種「天人合一的道德暈眩」中。

當這個主奴區分漸漸消失後，這個GGY將共享的高級感，視爲「本質性的存在」。並以這種「高級的」本質性存在，打壓「非高

級」，並形成一種「歧視話語」，變成主流社會的意識型態，並賦予這個高級一種美感，一種類似自戀的孤獨美感。

一、　這種「自以爲高級」看似充滿了「自戀」，但是「GGY」卻不同於單純的自戀。如果我們回想希臘神話中自戀的故事──「看自己看太俊美，而看到傻了，愛上自己，而跳到水裡，後來變成了水仙花。就會發現，「自戀」只對「自己」和其「倒影」有興趣，並沈醉在其中，「他人」是種對「純粹地自我凝視」的干擾。所以，「GGY」如果還必須要建立在「對他人的歧視」，它就缺乏自戀的「純粹性以及美感」。

二、　GGY 還缺乏自戀所強調的「個人性」，因爲「GGY」情結，是「集體的」反映。也因此他常常是種「不自主、被動的、缺乏反省以及被動員式」，所產生出「虛假的優越感」。因此GGY常常是服從於「拳頭大小」的現實主義──也就是一種「事大主義」，換句話說，拳頭大小是他們判斷事物的唯一「價值」以及論證的來源。或者說，GGY的高級感，表現在人性行動高尙可能的徹底絕望，所有的價值只是建立在修辭學的工具性層次。

三、　「GGY」還是一種缺乏死亡慾望的自戀。因爲，自戀就如同Narcissus在出神地凝視水中倒影的「刹那」，產生了縱身投入自己倒影的衝動，因而自戀還暗藏著死亡的衝動及其美感；而「GGY」卻是不顧一切地積極地想活下來。

當然，「自以爲高級」，也會在潛意識中不小心歧視他人。不過，「GGY」卻是「有意識的、故意的、集體的」，甚至以低級的語言或行動去歧視他人。「高級外省人」只是「GGY情結」所反映的其中之一，背後還代表的是「統治階級」利用「制度不公平」，故意造成人我之間相互「歧視到敵視」的惡意操作。不過，GGY 並非是一個宿命的情結，而是可以超越克服的心態。儘管在面對他人，我們不小心會，自以爲是地、高級地歧視他人時，GGY甚至是在我們的人性中，可以被激發出的某種惡的傾向。一旦我們儘可能警醒地

拒絕「GGY」成爲我們的一部份時，將會發現到，「GGY」的「高級」與「歧視」所帶給我們的是：『對自我的虛假』以及「對他人的殘酷」。

08
「GGY」自我評量表 (GyQ)

作者：悅籽

吾日三省吾身，GGY 而不識乎？損人害己而不知乎？死不改乎？

GGY人人皆是，唯程度差異而矣。有人嚴重到認為「天下皆醉我獨醒」，於是登報張揚；有人只是輕微，小心地守著這個「不能說地『高級』祕密」。設計以下的量表，喚醒大家正視心中的「GGY」因子，勇敢地面對它，「時時勤觀照，莫使致危害。」

在這份測驗裡，請您判斷以下句子，是不是符合您對自己的描述。

1) 我對「名人代言」的東西，有比較高的接受度。

1	2	3	4	5	6
這不是我	這不像我	我不是，但是我贊成	這有點像我	這蠻像我	我就是這樣

2) 自己的失敗，常是他人造成的。

1	2	3	4	5	6
這不是我	這不像我	我不是，但是我贊成	這有點像我	這蠻像我	我就是這樣

3) 我會避免使用「台灣國語」。

1	2	3	4	5	6
這不是我	這不像我	我不是，但是我贊成	這有點像我	這蠻像我	我就是這樣

4) 我覺得「路邊攤」的食物，也可以當國宴。

1	2	3	4	5	6
這不是我	這不像我	我不是，但是我贊成	這有點像我	這蠻像我	我就是這樣

5) 「有權力」會讓我覺得「有能力」。

1	2	3	4	5	6
這不是我	這不像我	我不是，但是我贊成	這有點像我	這蠻像我	我就是這樣

6) 我覺得歐美製的產品，比「台灣製」的產品高級。

1	2	3	4	5	6
這不是我	這不像我	我不是，但是我贊成	這有點像我	這蠻像我	我就是這樣

7) 我享受別人對我崇拜的眼光。

1	2	3	4	5	6
這不是我	這不像我	我不是，但是我贊成	這有點像我	這蠻像我	我就是這樣

8) 我覺得LV (Louis Vuitton)的包包最高級。

1	2	3	4	5	6
這不是我	這不像我	我不是，但是我贊成	這有點像我	這蠻像我	我就是這樣

9) 別人的失敗，常是個人因素造成的。

1	2	3	4	5	6
這不是我	這不像我	我不是，但是我贊成	這有點像我	這蠻像我	我就是這樣

10) 我對「歐美文化」，比對「東南亞文化」有興趣。

1	2	3	4	5	6
這不是我	這不像我	我不是，但是我贊成	這有點像我	這蠻像我	我就是這樣

11) 我覺得「皮膚白晰」比較漂亮。

1	2	3	4	5	6
這不是我	這不像我	我不是，但是我贊成	這有點像我	這蠻像我	我就是這樣

12) 在朋友聚會，安靜地坐在角落，會令我感到不安。

1	2	3	4	5	6
這不是我	這不像我	我不是，但是我贊成	這有點像我	這蠻像我	我就是這樣

13) 我覺得，當一個「世界公民」，「國家」不重要。

1	2	3	4	5	6
這不是我	這不像我	我不是，但是我贊成	這有點像我	這蠻像我	我就是這樣

14) 我覺得，台灣是個沒有文化的地方。

1	2	3	4	5	6
這不是我	這不像我	我不是，但是我贊成	這有點像我	這蠻像我	我就是這樣

15) 我希望，可以說一口流利地道地美語。

1	2	3	4	5	6
這不是我	這不像我	我不是，但是我贊成	這有點像我	這蠻像我	我就是這樣

16) 我會儘量避免和東南亞的外籍勞工接觸。

1	2	3	4	5	6
這不是我	這不像我	我不是，但是我贊成	這有點像我	這蠻像我	我就是這樣

17) 我認為，一個國家只能有一種官方語言。

1	2	3	4	5	6
這不是我	這不像我	我不是，但是我贊成	這有點像我	這蠻像我	我就是這樣

18) 我覺得，外貌、長相會影響自己的自我肯定。

1	2	3	4	5	6
這不是我	這不像我	我不是，但是我贊成	這有點像我	這蠻像我	我就是這樣

19) 如果事情不如我預想的發展，我會因此感到生氣。

1	2	3	4	5	6
這不是我	這不像我	我不是，但是我贊成	這有點像我	這蠻像我	我就是這樣

20) 我認為，因為文化的不同，人權是有相對性的。

1	2	3	4	5	6
這不是我	這不像我	我不是，但是我贊成	這有點像我	這蠻像我	我就是這樣

量表解釋

第四題的計分方式

描述	得分
這不是我	6
這不像我	5
我不是，可是我贊成	4
這有點像我	3
這蠻像我	2
我就是這樣	1

其餘題目

描述	得分
這不是我	1
這不像我	2
我不是，可是我贊成	3
這有點像我	4
這蠻像我	5
我就是這樣	6

一般而言，得分愈高，代表GGY 的程度愈高。超過78分，日常生活裡，對於自己的言行，務必要謹言慎行。然而，年紀不滿40歲者，已經超過70分，就代表年紀輕輕的你，GGY因子卻已經根生蒂固，束縛住你的視野、還有對於外在事物的看法。

量表人人皆可設計之，唯方法、關注的面向不同，內容也會不同。在這份量表裡，主要是採用「『類』自戀性人格」(請參閱：「GGY情結(complex)」基本定義，相關題目有：第5、7、12、18、19 題)。然而，GGY 性格有一項重要的特徵，就是擁有「過度膨脹的自信」，以致於「擠壓」到他人。而「貶抑行為」的展現，又透過特殊的社會結構、和文化，有不同的展現。由於，在打壓他人的同時，同時也是對他文化的「歧視」；因此在「貶抑他人」和「文化」向度上，很難有一個明確劃分的界線 (題目包括了：第2、3、4、6、8、10、11、14、15、16、17和20題)；在文化向度上 (包含了：第1、9、13題)，則希望保留 GGY 在台灣發生、形成的特殊性。未來，如果要在其他的文化中，深度研究，也要注意GGY，存在於不同的社會結構、和文化背景中，所展現出不同地行為模式。

從「自我感覺良好」，到「同步提升」

在前文(「從郭冠英到GGY」，以及「GGY如何練成」)裡，似乎GGY 只針對特殊族群，但是正如「設計量表」的中心思考—人人皆是GGY，唯程度差異而已。

從認知心理學的角度切入，「自我防禦機轉」有兩個系統，雖然運作方式不一樣，目的都是為了維持「自我感覺良好」。一個運作的方式，是「正面提升」，如同所有勵志讀物、古聖先賢的名言，「在逆境中成長」、或是「吃苦當吃補」、「心想事成」。在環境中找尋正面因子、或是發自內在地，為自身補充正面能量。這樣的結果，往往可以促成「自證式預言」(self-fulfilling prophecies)的實現，累積正面的能量，直到美夢成真。

然而，在另一個機制，則是靠著「打壓他人」，來維持自身的感覺良好。把自己的榮耀，建立在他人的失敗上；或是，「大家來比爛」。這樣的人，往往都喜歡把錯誤歸究到他人身上。一如2008年後，現任政府喜歡將過錯歸究於前朝政府；在許多抗議場合，藍綠兩方人馬交手，不論是要求人權、希冀停止對中國的傾斜，馬政府

的支持者，永遠只有一句話「陳水扁貪汙」。這個機制，是對他人的全面打壓、貶抑他人的價值，即使風、馬、牛不相干，只爲維持自己的自信。就像一個孩子，因爲考試作弊被抓到，在受到責罰時，他只有一句話「隔壁的阿三，寫考卷寫到睡著了」。

可怕的是，靠打壓他人來維持感覺良好，也有可能會發生，成爲另一種「自證式預言」。這種就是，他人的負面能量，累積在我身上，直到我的惡夢成真，他的美夢成真；特別是在他人的「預言念力」，強過我們本身的「自我意識」時。當我們棄守本身的意識時，就會不自覺得納入他人預言，作爲替代補充。有時候甚至是，把他人對自身的「歧視」，成爲自己「努力的目標」。

在台灣的情況是，因爲跳脫不出「妄想-分裂」的拉扯，造成某些特定群體的GGY 於是形成。而這些GGY們，又透過自身所擁有的權力，從制度裡去創造更多的GGY (參閱：「郭冠英」作爲一種問題意識：戰後台灣政經發展的一種可能理解路徑)，從教育裡、媒體之中(參閱：范蘭欽：「這些人都知道我就是郭冠英。」)，創造一個適合GGY發展的環境，誘發出其他族群裡，潛藏已久的GGY因子。於是，在不知不覺裡，我們成就了他人、或是他族群的「自證式預言」；忘卻了，自身也有「創造」預言的能力。

對抗的第一步，就是承認「GGY」的存在。只有當我們意識它的存在時，才有可能真正面對它；精神病患通常是指著他人說：「他是瘋子」。對抗GGY，不會是一次終身免疫，而是一場長期的抗戰；自身累積正面能量的同時，還要對抗負面勢力的入侵；對抗的方式，沒有特地的單一途徑，而是全面性；一如在朝的GGY們，他們也以地毯式的方式，創造一個「完全GGY情境」。

最後，給天下勇敢接受挑戰的人們，在追求自身的正面能量時，也不要忘記給與他人正面能量，「水漲船高」，在能量循環作用的道理下，利益他人，同時也自身得益。我們希望「自我感覺良好」的下一步，是整個社會的同步提升的開始。

09
GGY的超克－海角七號測驗題

作者：老皮蛋

銀幕上，引揚輪船逐漸遠離，畫面溶進凌晨的台北一０一大樓；在不到一分鐘的電影內，台灣走過了六十年、殖民者從日本軍事強權變成了跨國商業資本。音樂繼續，一個年輕男子從暗巷中牽出機車，在離開前猶疑了一下，下車拿出電吉他、猛力往路燈柱砸下，當場電吉他破裂散落，就像他滿懷挫折的心靈，同時爆出了深沉的抗議：「**我操你～我操你媽的台北！**」

問題一：「操你媽的～」是來自哪裡的髒話？

阿嘉的生父早死，電影中並未說明其身分；但因為阿嘉慣用北京話，甚至罵髒話也是用北京腔的「操」（一般人罵髒話都會使用最熟悉的語言），而他教訓樂團成員的嘴臉、一如軍教片裡的外省籍教官；我們可以合理地假設「阿嘉的父親是戰後移民」。當然，也可能是魏導演有意模糊阿嘉的身世，好用他來代表所有的台灣人民（包括外省第二代）。

對了！有些觀眾（尤其台北人）看完"海角七號"以後，感想是「南部台灣人怎麼那麼愛罵髒話？」在此筆者要告訴這些觀眾：電影裡面最早出現、罵得最大聲、最完整（問候對方母親）的髒話，可是來自中國文化古都「北京」嘞！

吉他敲碎之後，男主角跨上機車，開始了歸鄉的路程。他先穿梭在台北市區，接著在紅燈前停下。

問題二：讓阿嘉停下來的紅燈，是在哪一條路上？

許多的電影、文學作品都以歸鄉或漫遊作爲故事的主軸：文學作品中，以荷馬的史詩 "尤里西斯"（Ulysses，或稱 "奧德賽" Odyssey）爲最早的代表；在電影中，希臘導演安哲羅普洛斯（Theo Angelopoulos）的系列作品也是如此，而他更以 "尤里西斯生命之旅"（Ulysses' Gaze）向兩千多年來的眾多前輩致敬、向巴爾幹半島致哀。我們也可以從這個觀點來看魏德聖的 "海角七號"，這部電影也在向台灣的土地與人民致敬，也是以歸鄉爲主題，但不只是身體的歸鄉，更是心靈的歸鄉～認同自己生長的所在。與以上兩部巨作相同的是：當主角（Ulysses、A、阿嘉）回到家鄉時，他們的家園都遭逢危機。

在 "海角七號" 中，歸鄉才剛開始就因紅燈而暫停；當他停下時，我們看到：擋在他前面的路牌上寫著醒目的（比多數路人臉孔更清晰的）「中華」。

於是我們看到了 "父之名／禁令" [1]，我們也知道了：是甚麼樣的

【註解】

[1] 精神分析學者拉岡（Jacques Lacan）認爲：當孩子兩歲左右、正要開始發展自我意識和語言能力時，父親的名字／禁令（no/nom du père）—相對於母性的名字、小名或領洗名—出現了，前伊底帕斯的原始兩人世界（母嬰關係）被破壞了。語言與父親的出現讓孩子認知到一個現實，就是孩子必須調適他對世界的原始經驗——感官印象併入客體／客觀世界中，並且被社會權力（以語言和父親形象爲代表）所命名和歸類。以上所提到的語言（能指）、父之名、與一部分的潛意識共同構成了象徵界／象徵秩序（Symbolic Order）的主要部分，而這又與社會制度、文化傳統、政治權力…密切相關，或說這些都是象徵界的一部分。必須注意的是：此處的 "父親" 並不是真實的血肉的父親，而是象徵意義的 "父親" 或 "父親的位置／功能"。台灣在國民黨的統治與教育下，「中華」成爲多數人的 "父之名"，相關的一切（"國語"、國號、中華文化、秋海棠、忠君思想…）成爲象徵界占據統治地位的成分。

心結阻礙他歸鄉、接觸養育他的父母親，是甚麼樣的政府組織，承接日本帝國、結合跨國商業資本，在台灣逐行殖民統治。

終於，電影中的紅燈變綠了（現實中的燈號變得更紅了），主角得以繼續歸鄉的旅程。然而在他回到家鄉後，我們看到：當金頭髮的攝影師要拍照，當地人都要讓開；滿載外國模特兒的麵包車橫衝直撞，使得家鄉的老郵差摔得四腳朝天；飯店經理要辦音樂祭，卻不給當地人表演的機會。

問題三： "海角七號" 中，誰是 "高級外省人" ？

當鎮代會主席去找飯店經理、要求讓當地人參與表演時，飯店經理表現出對在地人的明顯歧視（「你們就沒這個人才嘛」），但卻又說「不要分你們我們」。其邏輯就是：好處都歸我們，但你們不可以計較；如果你們一定要計較，就是太分彼此（正式用語為「挑撥族群」）；你們分不到好處是因為你們沒水準、登不上大雅之堂，你們怎能跟我們「高級外省人」比～這些正是典型的GGY 邏輯（參見前幾篇討論GGY的文章）。可以想見：當ECFA簽訂，飯店經理可以請到來自中國的低薪勞工，那時別說表演工作，就是清潔工作行政工作都不會留給在地人了。

至於阿嘉這個（有台籍母親的）外省第二代，似乎並沒有占據高級的社會位置。但他從窗縫中俯視（看低）老郵差（茂伯）、不屑回答交通警察（勞馬）問題、對修車黑手（水蛙）頤指氣使；他瞧不起送信的工作，認定電話比信件現代化（「現在哪有人寫信？」、典型北部城市人心態）；他在練習時對團員大呼小叫，一副長官教訓小兵的樣子；繼父養育他、替他找工作、幫助他重回舞台實現夢想，但他對繼父不知感恩，當繼父為家鄉人民辦選秀、阿嘉還去鬧場；…阿嘉是不是自認「血統比較高級」、「住過台北比較高級」、「會唱英文歌比較高級」呢？～這些都是典型的GGY complex啊！

題外題：警察勞馬被父親推開後，為什麼要再回去跟阿嘉幹架？

有觀眾認為：很多人沒戴安全帽，警察只罰阿嘉、甚至打起來，這是因為阿嘉穿綠色的衣服。然而交通警察不屬於特偵組管轄，勞馬也沒參加過1991之前的司法官考試，應該不會針對特殊顏色辦案[2]。所以應該是阿嘉的傲慢惹火了勞馬、引發衝突，勞馬的父親把他推開、讓他回去指揮交通。然後軍用卡車經過，勞馬的哨子掉到地上、被經過的農機車壓壞，勞馬又回去找阿嘉幹架。發生甚麼事了？

台灣原住民經過最慘烈的軍隊鎮壓，大概就是日據時代的霧社事件了；之後在二二八事件、白色恐怖時期，也都有不少原住民因軍隊鎮壓而殉難；此外，（擁有軍用卡車的）國民政府曾經強迫原住民改漢名、限制原住民居住及打獵的範圍，這些軍用卡車勾起了原住民的痛苦記憶嗎？數百年來，漢人不斷和原住民爭地，將他們打獵的森林草原變為耕地；戰後國府遷台，更將許多山區土地撥給榮民、耕種高冷蔬菜水果；原住民只好離鄉背井，到城市裡找低階的勞力工作、可能被詐欺或惡意欠薪～勞馬父子演唱「Mainu Sun」，說的就是這個故事。於是原住民的吹箭不再能為部落帶回食物、原住民的口笛也不再能演奏自由的樂章，「農機車壓壞哨子」正是這土地侵奪過程的重演；勞馬焉能不怒火中燒。

【註解】

[2] 1991之前，報考司法人員特考需填寫 "省籍"、"黨籍" 兩項，同時規定國文（公文寫作、無客觀評分標準）需達六十分以上才能錄取，所以非國民黨員者幾乎無法考取司法官；請見「黨籍的故事」（黃守禮）。http://www.rocbbs.com/viewthread.php?tid=36928　在司法官訓練所結業後，台灣省籍人士常因升遷不易而轉任律師；參見：「戰後台灣司法人之研究」（劉恆妏，2002）。

但是勞馬還是找錯對象了，壓迫原住民的並非（同樣弱勢的）榮民，也不是路人阿嘉～或許他們有些種族歧視～，而是國家機器。在許多街頭抗爭的場合，基層警察（原住民最常從事的職業之一）被指派鎮壓群眾，或許發生衝突、或許事後互相批評，雙方卻都忘了：「利用警察的統治者」（勞馬背後的軍用卡車）才是罪魁禍首。

加分題：阿嘉右手前臂上的刺青是甚麼圖案？

送分題：阿嘉的繼父和母親各是做甚麼工作？

問題四：阿嘉起初為什麼沒有寫歌的靈感？後來又為什麼有靈感？

問題五：阿嘉是如何超克他的GGY complex？

阿嘉初回恆春時，表現出一副高傲倔強的樣子：似乎有點才氣，可是連送信都不會～或是遭遇挫折就放棄；有機會重回舞台，卻反反覆覆（害怕再一次失敗）、在選秀會上砸吉他；請他寫歌，卻幾天都毫無進展。何以如此，原因就在於他與土地、人民的疏離，他的才華、他的歌聲都是沒有根基的，那高傲倔強的態度只是一種防衛；他就像他手臂上的刺青「高音譜號」一樣、銳利而單薄。

幸而阿嘉的繼父不因其無禮而放棄他，還想盡辦法幫他找工作、找表演機會、找樂團夥伴；當阿嘉再次要把吉他摔壞，恆春的鄉親不像台北的電燈柱般冷漠，所以會幫他救回吉他；鄉親也不像他以為的那般沒水準，還可以不經練習就有精彩的合作演出；甚至當他捅出大漏子，鄉親們還一起幫他收拾殘局。於是他終於能告別他虛妄的意識型態／血緣父親─這個父親在1949以後就不再養育他了，並開始認同另一個養育他、保護他、包容他、給他機會的、活生生的父親～Ciacia & 何欣穗演唱的日文歌「給女兒」唱的正是：「告別父親又再重新認同（不一樣的）父親」的心情。這個活生生的父親擔任地方民代，言行略顯粗魯，但全心全意護衛家園、照顧鄉親，這才是有功能的、屬於人民的父親（相對於虛妄的威權父親）；母

親則是做外燴工作，在婚宴（生命的結合與繁衍）中餵養大群鄉親，就像是大地之母；這樣的父親母親，就是養育保護所有台灣孩子的力量、就是台灣的代表形像啊！

於是我們知道：阿嘉正是因為回歸土地、融入人民、認同台灣，才能超克GGY complex，也因此能在家鄉的土壤和大海中找到養分、找到寫歌的靈感。

問題六：阿嘉一開始暗槓那七封情書、最後才送到小島友子手上，有甚麼意義？

前文「GGY 如何練成I」中，關於「戰後移民對日本的態度」有些討論，在此略作敘述：他們可能曾在中日戰爭中受害，因而懷恨日本；台灣的日本遺緒會強化其被迫害焦慮、而日本留下的建設則會引發其嫉羨，於是他們更無法忍受「台灣與日本有關」。

阿嘉身為移民第二代，如同某些（批評海角七號的）「學者」，也有類似上述的情況：於是阿嘉既不幫忙找小島友子，也不把東西還給日本人（像1945的劫收）；之所以排斥年輕友子、可能也是類似的心情，何況友子只是個中階外籍勞工，既不像偶像歌手般豔麗、也不像（過去的）偶像劇女星般溫柔～所以金馬獎評審不喜歡她。

然而阿嘉終究是超越了前面所提到的「學者」和金馬獎評審（這些GGY）：在認同台灣的土地之後，他也能夠尊重台灣人民的記憶，如實接受「日本遺緒是台灣的一部分」，於是願意努力找人、把信送到。而在「接納台灣過去、不再仇日」的同時，他也放下優越感、不再歧視普羅大眾，這時才真正有愛人的能力，也才能接受年輕友子的愛情。

問題七：電影最後，海角樂團和日本歌手合唱「野玫瑰」、最後再由童聲合唱一次，是甚麼意義？

「幹！哇國寶嘞」這句經典台詞，背後是在地傳統文化不受重視的無奈：好不容易登台演出，月琴國寶卻是手持鈴鼓；他想盡辦法要讓這美好的藝術不被埋沒～於是我們看到：鼓手和鍵盤手可以站在前面，月琴也可以出現在搖滾樂團的舞台，最老的團員設計表演形式（誰說老人沒創意？），最年幼的團員安撫主唱，而主唱也可以不拿吉他、改拿手搖鈴～這才是真正的民主平等，才是傳統與現代、乃至未來的合作無間。

當台下的聽眾瘋狂，遠來的知名歌手可以退讓，讓在地人多唱一首歌；當主唱還沒準備好，可以由月琴手帶領、繼續演出；當團員只練過兩首歌，可以由北管樂手決定、找一首所有人都會唱的歌；而這首歌由德國人作詞、奧地利人作曲、（在舞台上）由台灣人開始唱、日本人接著唱～不！是一起唱，這個遠來知名歌手願意尊重在地文化，不會自己（自己的語言）上台就要趕當地人（在地的語言）下台，也不會主張「一個主唱」（某霸權總是主張「一個中國」）；於是我們看到世界一家的合唱～這是電影向歌劇（終曲大合唱，Finale）致敬的手勢；接著，當我們看到來自遙遠過去的畫面、卻聽到發自未來希望的畫外歌聲～這更是電影對希臘悲劇（合唱團，chorus）獻上的致謝／祈願祝禱。[3]

【註解】

[3] 這麼崇高的四海一家（德、奧、台、日）理想，卻被許介鱗說成「台灣沒有文化」「殖民地陰影」、被陳宜中說成「被殖民慾望」。一個可能是他們自己沒有文化、是藝術文盲；更可能的是因為他們自身是殖民者，無法忍受被殖民者與其他國家文化有交流，他們只能以「殖民／被殖民」看待其他不同國家、文化間的互動，卻不會以此眼光檢視自身的言行；參見拙著「GGY如何練成I」。弔詭的是，如果台灣人民少表現一些外國勢力／文化的影響，就會被說成「沒有國際觀」。關於海角七號的深刻內涵與藝術成就，如果有興趣進一步了解，請參考拙著及前後多篇網友的精彩文章：http://map.answerbox.net/landmark-819946.htm

「向希臘悲劇致謝」自然是爲了她遺留下來的豐富文化遺產～記得本文提過的古希臘史詩和近代希臘電影吧！那祈願又是爲了甚麼呢？

「野玫瑰」的歌詞有三段，摘錄如下：一是驚豔：「男孩看見野玫瑰，…愈看愈覺滿心歡喜。…荒野中的玫瑰。」二是互相放話：「男孩說我要採你…，玫瑰說我要刺你，…荒野中的玫瑰。」最後才慘遭悍然採摘：「男孩終於採折她，…只得由他採折去。…荒野中的玫瑰。」然而電影中卻是反覆只唱第一段，畫面上則是終戰引揚、日籍老師不得已離開心愛的小島友子；這是甚麼意義呢？

「野玫瑰」歌詞的第一段是欣賞而和平共存，第二段就是威脅與各自表述（好熟悉的詞），第三段就是武力佔領。日籍老師之所以被迫離開心愛的女子，就是因爲台灣被不同勢力交替「武力佔領」；這悲劇不只發生在1945，之後的二二八、白色恐怖和戒嚴時期，又有無數的青壯年被迫離開摯愛的台灣、甚至離開依然眷戀的人間。魏導演之所以讓台灣樂團、日本歌手、日本小朋友反覆只唱第一段，正是要祈願：現在以及未來，不同的群體間，永遠不再發生「第二段、第三段歌詞所描述的事」（威脅、武力佔領），也永遠不要再有人、被迫離開所愛的人／人民和土地啊！

〔課後作業〕

多重選擇題

大雨滂沱，年輕的友子很擔心演出受影響，於是中孝介對她說：「難道你不期待彩虹嗎？」請問：彩虹橋連接的是哪兩處所在？（Ａ）原住民的家鄉和祖靈的居所；（Ｂ）恆春和台北；（Ｃ）台灣和日本；（Ｄ）台灣和中國；（Ｅ）人間的國和上帝公義的國；上帝曾許諾：只要彩虹還在，世間必不再有淹沒人類的洪水；（Ｆ）台灣的現狀與未來；只要彩虹還在，台灣必不再有極權暴政。

（提示：如果彩虹橋連接的兩者都存在於現實中，則雙方必須有平等的地位、且互相尊重對方的獨立自主，否則彩虹橋會垮掉。）

簡答題

「無樂不作」歌詞有：「像妳這樣的天使，該有翅膀和名字，該美麗中帶著刺，該很認真得屬於我一次。」請問：哪一個天使沒有翅膀、哪一個女人沒有名字？或者，天使指的不是女人、而是土地／國家？再請問：哪一個國家沒有名字？哪一個地方被叫作美麗之島？她為什麼沒有刺？野玫瑰沒有刺會發生甚麼事情？美麗之島應該屬於誰？

申論題

「國境之南」歌詞有：「請原諒我的愛、訴說得太緩慢。」請問：如果有人過去長期鄙夷南部鄉親，因此太晚才懂得珍惜自己生長的土地、太慢才學會關愛周圍的台灣人民，該如何自我救贖？

實際操作題

魏德聖的「賽達克·巴萊」預覽影片中，莫那魯道說：「日本人比濁水溪的石頭還要多、比森林的樹葉還茂密，可是我們反抗的意志，比奇萊山更堅定。」然而現在威脅台灣生存、聲稱「不放棄武力佔領台灣」的強權，不是日本、而是中國。

請記住：現在，如果我們不用洪國榮（阿嘉繼父）的方式保護台灣；未來，就可能會被迫用莫那魯道的方式保護台灣、保護我們的子孫。

10
復活節找GGY蛋

作者：ideolotopia　圖：小麻子

復活節(Les Pâques)是基督宗教紀念耶穌被釘在十字架死亡復活的節慶，在每年春分後月圓的第一個星期日，緊鄰著猶太教「逾越節」(La Pâque—基督最後晚餐所過的節日)。但是，就如同許多宗教節慶，結合許多商業化的活動，在路上看到許多兔子、蛋的裝飾、鳥巢、巧克力。這些裝飾不見得跟猶太—基督宗教傳統有關（天主教認為：是隨著教堂鐘聲從羅馬帶回來的），更重要是來自基督宗教傳統出現之前，歐洲農業社會下的民間習俗，只是單純地為了慶祝春天的來臨，後來所有政教力量吸收了民間信仰的傳統，產生在地化的傳教功能。

復活節我們看到的「兔子」象徵「繁殖力」，「蛋」則代表「誕生」(儘管兔子不生蛋)，常常就在在自家的花園，藏著彩色的蛋，或者是復活節的前一天晚上，鋪好預先放好的巢，等待「鴿子」或者教會的「鐘」，隔天帶包有巧克力的彩色蛋給小朋友。這些習俗，常常因地制宜，產生不同的傳說、裝飾、寓意等。在復活節的蛋上面，可以事先或事後在蛋上面彩繪，增加些傳說之外的娛樂，以及編些有趣的故事，和小朋友一起度過復活節的時光。

2009復活節時，四歲的Amadeo, 五歲的Atena,五歲半的 Lea，在花園做了幾個巢，希望找到每年巧克力形狀的兔子、或是長了翅膀的教堂的鐘，還是鴿子會帶給他們許多彩色的巧克力蛋。

Amadeo大聲喊：「我看到了！」小小的手捧著找到的蛋，搖搖晃晃地走來。

邊走邊說「挖，每個蛋上面，都有臉耶？」

我故意狐疑地說：「臉長什麼樣子呢？」

Amadeo 說：「可是又很像字母！」

Atena湊近看，然後說：「這不是『臉』啦！上面寫的是『字母』！」

Lea附和地說：「對！蛋的臉是『GGY』組成的。」

我說：「Amadeo，你找到傳說中珍貴的『GGY蛋』了」

Atena和Lea從來沒有聽過什麼是GGY蛋，聽到「傳說中」、「珍貴的」，好奇地跑走，說要還要去找GGY蛋。

Amadeo抬頭問：「GGY蛋從哪裡來的呢？也是鴿子帶來的嗎？」

我說：「從GGY星球來的啊！」

Amadeo ：「GGY星球？那是什麼啊！」

「這是一群『覺得自己了不起，還罵人』的外星人喔！」我說。

Amadeo問「那...怎麼會變成蛋呢？」

「因爲他們一直罵人、瞧不起別人，樣子就開始變、變、變...」我說。

Amadeo緊張地問「後來呢？」

「最後就變成蛋，因爲從GGY星球來，蛋上面就有GGY的字？」我笑著說。

Amadeo 害怕地說：「那...我不要GGY蛋了」

「你又沒瞧不起人，也沒有罵人，不會變成GGY蛋。」我說。

Amadeo氣著說：「這些是壞蛋，我不要吃！」

「可是當你有GGY蛋在手上，他就會跟著你哦！」我認真地說。

Amadeo說：「我不要它們，怎麼會跟著我呢？」

「GGY蛋會在『你不注意的時候』去找你，晚上也會『在夢裡出現』喔！」我故意捉弄他一下。

Amadeo ：「我不要他來找我！」

「那你就趕快把GGY蛋吃下去，他就不見了」我大笑地說。

「那我吃了，我會不會也變成GGY星球的人呢？」Amadeo問。

「你喜歡吃胡蘿蔔，會不會變成胡蘿蔔星球人呢？」我回答。

Amadeo帶著懷疑，小右手拿個一個GGY蛋，塞到嘴裡。

我問：「好吃嗎？」

「恩，好好吃」Amadeo發音不清楚卻滿足地說。

Amadeo正準備從左手還握著幾顆GGY蛋。

再塞一顆GGY巧克力蛋時，突然停住了，問我說：「叔叔，其他的GGY蛋我可不可以不要吃？」Amadeo抬頭看著我。

「爲什麼呢？不好吃嗎？」我問。

Amadeo說：「很好吃，我想把GGY蛋送給Peggy？」。

「爲什麼要送給Peggy呢？」我問。

Amadeo說：「在幼稚園，我跟Peggy吵架了。」

「爲什麼吵架呢？」我問。

「恩…」Amadeo很不好意思地說「我說『她很…醜』、『很胖』、『很笨』…。」

「那你要把GGY蛋給她嗎？」我問，按耐住對小孩子無知殘忍的驚訝。

Amadeo小心地問：「可以嗎？」

「很好啊!」我摸著她的頭，讚許他。

「恩…」Amadeo說「這樣…她還會跟我做朋友嗎？」。

「你可以試看看」我說。

Amadeo回答「恩…」表情有點不安。

「你講故事給他聽，告訴他『GGY星球』的故事。」我盡量幫他想辦法。

Amadeo小聲地說：「恩恩！我會告訴她，我不應該『那麼GGY的』。」

「他會原諒你的，只要你好好地跟Peggy說『對不起』哦…」我笑著安慰他說。

Amadeo問：「叔叔，我會不會變成GGY蛋呢？」

遠遠傳來Atena和Lea大聲呼叫的聲音，

「叔叔，找到GGY蛋了，還有一隻GGY兔。」

我高興地看著她們。

正準備繼續安慰Amadeo，他已經不見了。

只剩下地上復活節的GGY蛋。

11
「不要GGY」之歌

詞： Ideolotopia　曲：雅鴿

啦。。。。
我知道誰是你的最愛
但是不要對我哀哀哀
朋友告訴我你很壞
喔，不，你只是真的很怪
她這麼兒，你是那麼乖
我對你好，你卻是這麼跩
你一直嘆，不停地咍(台語)
我安慰你 擱嫌我醜（台語）
你怎麼 還這麼見外
做人不要GGY
不要GGYYY
不要急急地
不要壞壞壞

你跟她沒有個大概
出去卻一直蓋蓋蓋
人家說，他不值得你愛
你說，他只是目前不在
她這麼兒，你是那麼乖
我對你好，你卻是這麼跩
你一直嘆，不停地咍(台語)
我安慰你 擱嫌我醜（台語）
你怎麼 還這麼見外
做人不要GGY
不要GGYYY
不要急急地
不要壞壞壞
不要急急地
不要壞壞壞

不要ＧＧＹ之歌

詞：Ideolotopia

曲：雅鴿

超克GGY

附錄

01
GGY大頭貼

親愛的讀者,這裏介紹名言娃娃身上所有名言的出處,請用包裝盒內所附的名人大頭貼,將這些名人的嘴臉貼出來吧。

綠卡＝國際觀
閣揆劉兆玄對於閣員持有綠卡的爭議,表示:「將這件事放棄也是一種犧牲。」、「台灣不能沒有國際觀的人才。」2008.06。

溫家寶訪台樂觀其成
閣揆劉兆玄於立院答覆立委的詢問,2009.03.13。

ECFA
即"ㄟ擱花"，爲了把「血濃於水」的兩岸工資拉平，馬英九恐嚇台灣人：「不簽會有十一萬人失業。」2009.02。

達賴訪台時機不宜
總統馬英九主動向外國媒體如此表示，引發海內外非議，不過達賴未曾表達有訪台意願，2009.12.03。

外交休兵
馬英九在選前倡議「活路外交」，就職演說卻提出「外交休兵」，將台灣的國際關係置於二岸關係之下。2008.05。

我把你當人看
馬英九對陳情民衆表示：「你來到台北就台北人，我把你當人看，我把你當市民看，要把你好好的教育，好好的提供機會給你。」2007.12。

區與區關係
馬英九在接受外媒專訪時，表示兩岸關係不是「國與國關係」、「這點非常重要」，事後總統府解釋是地區與地區關係，2008.09。

入聯與本土就是叛國

郭冠英，出自《黃鐘待響》
2008.12：「『入聯』與『本土』就是叛國言行，應根本駁斥，或以反面新聞做，或根本就不報。」

鬼島死不足惜

郭冠英，出自《軍購宅變》
2009.01：「歹丸只剩可恨，…只有置之死地而后生。（我又胡塗了，這個鬼島，死何足惜？。」

棒球輸中國＝國慶

郭完英，出自《國慶雙實》2008.08：「有人痛罵棒球輸中國是國恥，故我視爲國慶。」

愛中就要效共

郭冠英，出自《黃鐘待響》2008.12：「本來反獨就要愛中，愛中就要效共。」

愛台要先敗台

郭冠英，出自《外交異形》2005.10：「台灣根本不值得愛，真愛台就要先敗台。」

進世衛就是搞台獨

郭冠英，出自《是爲台獨》2005：「進世衛就是搞台獨，不但中國如此看，道理分析也是如此。」

武力保台後，要鎮反肅反很多年

郭冠英，出自《台巴子要專政》2009.02：「歹丸…武力解放後實行專政。…武力保台後也不能談任何政治開放，一定要鎮反肅反很多年。」

228是鎮壓皇民

郭冠英，出自《統一尚未成功，介石仍需萬歲》2007.12：「蔣介石不但不是二二八的元兇，還是鎮壓皇民暴徒、確保台灣入版圖的元魁。」

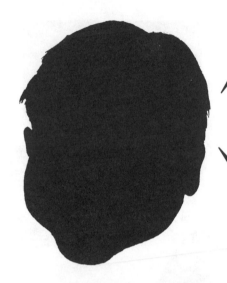

股票上二萬點＝玩笑話
經濟部長尹啓銘對於股市重挫，表示之前「股市上看兩萬點」之語，是上電視台時與在場企業主閒聊的「玩笑話」，2008.07。

馬上好、633
馬英九的競選口號，後改爲「馬上漸漸好」，再改爲「第二任就會好」，最後經濟部長尹啓銘出來澄清：「那只是競選口號。

您…
中國海協會會長陳雲林，2008.11.06會見馬英九，雖後者早已自棄總統職稱，但卻得到比先生更低階的稱呼。

台灣沒有台灣人
佛光山星雲法師談論二岸問題，表示：「台灣沒有台灣人，台灣很多中國人嘛，你說台灣哪一個不是中國人？」2009.03。

中風＝現世報
國民黨立委盧嘉辰表示：高雄市長陳
菊之前輕微中風，是拆中正紀念堂的
現世報，「誰侵犯神明誰就遭殃！」
2009.03。

人民＝小屁屁
監察院長王建煊：「監察院要辦大案，
別查人民陳情的小屁屁。」2008.12。

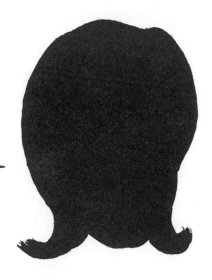

低水準的人沒事幹就生孩子
國民黨立委郭素春在立法院表示：
「生育的都是什麼？都是那些低水
準的、低知識的，像是做工的那些
人，反正閒閒沒事做。」2009.03。

02
【超克藍綠】共筆部落格介紹

【超克藍綠】作爲一個共筆部落格的平台，起於對台灣日益反智的媒體現象，以及早與小民的柴米油鹽醬醋茶脫勾的政治討論的一種抗議。於是，台灣島內外數十位不滿台灣社會墮落到無以復加的寫手，便以此種心情共聚在此一部落格平台中，並在長期醞釀討論後，於2008年10月正式開張。

集結來自法律、歷史、政經、社會、勞工、美術、藝術史、建築空間、地理、設計、電影、歌劇、人類學、哲學、觀光…等等相關領域的寫手，希冀能透由各自專業和興趣，從藍綠政客和媒體手中重新奪回對政治的定義權，並以【超克藍綠】此一平台作爲練筆場。

取名【超克藍綠】的意涵乃有幾個層次。首先，在藍綠幽靈罩頂的台灣社會，對某件事情有意見或看法，似乎都得先在藍綠立場上表態，【超克藍綠】亦即 "Neither Green nor Blue but Radical."。換言之，【超克藍綠】的寫手也有政治表態跟政治立場，但此種表態與立場，卻遠非簡單輕易的藍綠標籤可以概括。

再者，沿循著此一思維，【超克藍綠】的政治、歷史、社會、文化等想像與思想資源乃多元並陳，這可由邀約的寫手群中多元的學術、知識與運動背景得知，因此，時下流行的廉價藍綠標籤，本格寫手敬謝不敏。

復次，【超克藍綠】遠非被動消極甚至政治虛無主義，而是有指向性，亦即「超克」藍綠指涉以「破」的姿態「克服」藍綠政治的狹隘化，並指向一種「立」的可能。質言之，【超克藍綠】讓創造性解構、或者建構性解構，在台灣社會有隱身其間之可能。

最後，【超克藍綠】具體指涉藍綠不應成爲台灣政治民主化光譜的兩端，反倒是寫手背景的多元，說明了設若政治民主的深化是台灣下一階段必須要走的道路，則政治民主化的深化必須在各領域以爲展現。也唯有如此，方能將被藍綠綁架社會，拉進各個更具體的領域與議題中進行理性思辯和展延分析，並讓日常生活的一切回歸到政治對詰的主軸中。

以上便是【超克藍綠】從胎動到呱呱墜地的一段簡單交代。

03
超克寫手群介紹

David	寫作，是自我整理的一種過程，是自我批駁的一道考驗，是完成自我靈魂救贖的一場儀式。我寫，故我在。
Hermia	何眉雅，人稱何眉雅小妹妹。1978年多月生，來自南台灣大武山腳下的農村囝仔。
Ideolotopia	沉溺在「意識形態」(ideology) 和理想國(utopia)的樂透(lotto)中…
Shinichi	出身打狗吉普賽人，離散滯留歐洲中。興趣是帶著好奇的眼睛，看著世界。踐行著工藤新一所言：「頭腦是我的一切，身體只是一個附件」；因此，縱使百般不願與殘酷：「除去不可能的事，剩下的即使再不可能，但那也是真相！」至於，「原因麼……又不是殺人還需要動機。救人的理由，是沒有邏輯思維的。」
warehouse	三十多年來不斷在遠離台北，且對台北以外之地方都擁有比對台北更高之認同感的台北人。
Yoko	思慕歐洲人文精神，遠赴重洋親吻這片崇尙多元和自由價值沃土的台灣囝仔。
小鑽風	大部分時間躲在安全角落，只偶而出來咆哮幾聲。基本上對人類無害！
大流浪者	踏上黃磚路，我想獲得頭腦、愛心與勇氣，越過彩虹的盡頭，回到那國境之南的美麗之島。
仏國喬	一位在巴黎經營旅行社的打狗人，雖然目前尙未成功接過團，但仍很努力地在歐洲各國進行探路。

方向歸零 | 剛從社會學學徒出師，正在南台灣誤人子弟。學術關心範圍龐雜，從殖民現代性、漢人宗教、全球資本主義到日本政治經濟，再到台灣統計指標變遷。最崇拜的兩種職業是道士與獵人。前者悠遊於天人之間，後者悠遊於山林。

五府萬歲 | 喜歡呼吸自由的空氣，但卻避免不了一堆毒氣。不喜歡被放在常常舉辦大拜拜的學術廟宇的神祇，愛以多種方式，面向與身份出現在人間，最討厭的就是被神格化和定型化，也不愛別人建生祠，奮鬥館，或紀念堂，因為沒有當千歲的命，只好自己當萬歲了…

月出 | 一個總是沈迷於文字魅惑中的人。當我的文字必須折返書寫我時，文字自身的力量總會自我手中飛脫而去。

比利星人 | 跨時空一千年，旅居西班牙古都的台灣古都府城人，從事「雜種」文化的交配觀察…

打果泥 | 不時擺盪在巴黎的美好與故鄉召喚間的打狗人；最害怕的事：哪天故鄉不再是家鄉，阿彌陀佛…

米那娃之梟 | 喜歡知性活動，卻不知不覺流浪到歐羅巴的遊子。曾經側身在公務員行列，卻篤信「只有刁官，沒有刁民」的公職經歷者。學習的東西與法律、制度與組織都有關係，但卻只有背後的價值與理念才是永恆的追求與關懷。

伊比利孤鳥 | 旅居伊比利半島中心的打狗人，常覺得自己一些想法總是狗吠火車，周圍又存在許多GGY一類的人，故常感嘆自己像是隻福爾摩沙孤鳥，獨自遨翔。

老皮蛋 | 小皮蛋和大皮蛋的爸爸，以身為客家＆原住民的"雜種"自豪。目前在北台灣的中國城工作，工作內容是"替不義體制擦屁股"，所以下班後除了快樂當宅爸、就是為了贖罪而狗吠火車～用文字挑戰不義。

仲千憶	目前正由家中幼兒引領著重新品嚐世界的滋味。和全球埋首實踐打造塵世天堂者同一國。朝半農半工偶讀寫的人類理想生活邁進。
阿典仔	來自台灣北海，現居啤酒海，喜天馬行空，也希望大家有空多做夢。
威克勞	府城人，還在癡癡盼望台灣公民社會及法治國家到來的法律人。
悅籽	下港出生，台北長大；一路從台灣玩到歐洲，目前蟄伏於德國小城，尋找下一個「旅遊地」。
馬賽曲	外省人，家人大部份為美國公民或持有綠卡〈居留權〉，所以很清楚美國公民權和居留權都不會自動失效。
黃河之水	崇拜中國文化的人，不一定了解中國文化。
粒頭堡	原欲固步自封於藝術象牙塔中，除了寫作外不擅任何現實事物，卻又忍不住探頭偷看世界在做些什麼。
簡道虔	上小學前不會說國語，上國中前不認得英文字母，現在穿梭於三種語言間，透過語文體會各自文化之奧妙的下港人。喜歡與土地結合而富有想樣力的犀利觀點，討厭空洞的文字遊戲和口號教條。
蹇驢	習史苦竹，處世蕭艾。
髏歷塔	台南人，我相信「好女孩可以上天堂，壞女孩可以趴趴罩(跑)」(Good girls go to heaven, bad girls go everywhere)，所以還在當「中古」壞女孩中。

讀者請與我們連繫

【超克藍綠】不只是一個部落格，也將會是一套實體出版計畫，如果您想收到我們下一期的出版通知，請寫信給我們，信件標題註明「我是超克讀者兼金主」即可。

連絡電子郵件信箱為：clique@kimo.com

【超克藍綠】的網址：http://www.wretch.cc/blog/cliquer/

國家圖書館出版品預行編目資料

超克GGY：「郭冠英」現象之評析=Beyond the
GGY complex；decipher the "Guo Guan-
Ying phenomenon" /超克藍綠共筆部落格企劃
著.-- 初版.--
臺北市：前衛，2009.05
面；公分--（超克叢書）
ISBN 978-957-801-618-7（平裝）

1.族群問題 2.時事評論

546.5933　　　　　　　　　　98007526

超克叢書(一)

超克GGY－「郭冠英」現象之評析

企　劃：超克藍綠部落格

Email：clique@kimo.com

網　址：http://www.wretch.cc/blog/cliquer

出版者：前衛出版社
　　　　10468 台北市中山區農安街153號4F-3
　　　　電話：(02)2586-5708；傳真：(02)2586-3758

執　筆：hermia、Ideolotopia、Shinichi、warehause、方向歸零、
　　　　五府萬歲、仏國喬、比利星人、打果泥、老皮蛋、
　　　　米那娃之梟、悅籽、馬賽曲、黃河之水、髏歷塔
　　　　（以上名字依字母、筆劃順序排列）

漫　畫：小麻子、打果泥（另含名人大頭貼及包裝盒警示圖部份）

作　曲：雅鴿

校　對：以金

排　版：一個台灣工作室

版　次：二〇〇九年五月新版第一刷

ISBN：978-957-801-618-7